KB070813

고독은 투쟁이다

-고독에 대한 30가지 짧은 생각

금랑재 지음

청어

고독은 투쟁이다
―고독에 대한 30가지 짧은 생각

금랑재 지음

발 행 처·도서출판 **청어**
발 행 인·이영철
영   업·이동호
기   획·이용희
편   집·방세화
디 자 인·이해니 ㅣ 이수빈
제작부장·공병한
인   쇄·두리터

등   록·1999년 5월 3일
(제321-3210000251001999000063호)

1판 1쇄 인쇄·2019년 1월 1일
1판 1쇄 발행·2019년 1월 10일

주소·서울특별시 서초구 효령로55길 45-8
대표전화·02-586-0477
팩시밀리·02-586-0478

홈페이지·www.chungeobook.com
E-mail·ppi20@hanmail.net
ISBN·979-11-5860-609-1(03190)

이 책의 저작권은 저자와 도서출판 청어에 있습니다.
무단 전재 및 복제를 금합니다.

이 도서의 국립중앙도서관 출판시도서목록(CIP)은 서지정보유통지원시스템 홈페이지
(http://seoji.nl.go.kr)와 국가자료공동목록시스템(http://www.nl.go.kr/kolisnet)에서 이용하실
수 있습니다.(CIP제어번호: CIP2018039932)

고독은 투쟁이다

-고독에 대한 30가지 짧은 생각

금랑재 지음

동그란 고독

외로움은 찾아오지만
고독은 찾아가는 것이다

동그란 성(城) 하나 만들어
문(門) 열고 들어가는 것이다

동그라미는 저절로
지구만큼 커진다

성 밖이 소란스러울 때
문 하나 슬쩍 열고 내다본다

성도 문도 없어진
고독은 지구보다 큰 동그라미

- 2018년 겨울 금랑재에서

|목차|

1부. 고독을 찾아가다

2부. 고독과 놀다

3부. 고독과 헤어지다

1부. 고독을 찾아가다

우리는 고독해야 합니다.

고독은 자아성찰을 하게 합니다. 혼자 있게 되면 과거의
일을 떠올려보기도 하고, 지금 여기의 나를 성찰하기도
하며, 미래의 자기 모습을 그려보기도 합니다.

우리는 고독해야 한다

현대를 살아가는 사람들은 바쁩니다. 먹고 살려고 일을 해야 하기 때문이죠.

'일 하지 않는 자, 먹지도 마라'라든가 '게으름은 죄악이다'라는 말을 신봉하는 자본주의 시대에 사람들은 열심히 일을 합니다. 노동자라는 말보다 근로자라는 말을 더 많이 씁니다. 근로자라는 말에는 긍정의 뜻이 담겨 있지만 노동자라는 말에는 뭔가 불순한 것이 담겨 있는 것 같은 느낌이 들기 때문입니다.

아무튼 현대인은 근로해야 합니다.

일을 한 뒤 휴식을 취할 때 사람들은 주로 TV를 시청하거나 스마트폰을 봅니다.

물론 모든 사람이 그렇지는 않습니다만 많은 사람이 일을 하지 않을 때, 쉬고 싶을 때, 다른 사람과 함께 있고 싶지 않을 때, 혼자 있고 싶을 때, TV나 스마트폰과 같은 기계와 함께 있게 됩니다.

그러나 현대인은 혼자 있어야 하는 시간에도 혼자 있지 못하고 사람을 가장한 기계와 함께 있게 되면서 더욱 외롭게 되었습니다. 또한 사람은 고독이 필요할 때 고독해야 하는데 현대의 삶은 고독할 틈을 주지 않습니다. 아니, 사람들은 고독할 틈을 가지려고도 하지 않습니다. 먹고 살아야 하고 그러려면 근로해야 하기 때문이죠. 이제 고독은 사치품이 되었으며, 기계와의 접속은 만남이 되었으며, 기계는 사람들의 친구가 되었습니다.

우리는 고독해야 합니다.

고독은 자아성찰을 하게 합니다. 혼자 있게 되면 과

거의 일을 떠올려보기도 하고, 지금 여기의 나를 성찰하기도 하며, 미래의 자기 모습을 그려보기도 합니다.

내가 지금까지 잘 살아왔는지, 지금 잘 살고 있는지, 앞으로 잘 살 수 있을지를 생각해보는 거죠. 혼자 있는 시간이 많아지다 보면 이런저런 생각을 하게 되죠.

우리는 고독해야 합니다.

고독은 까닭을 부릅니다. 성리학에 소당연지칙과 소이연지고라는 말이 있습니다. 마땅히 그래야 하는 법칙과 그렇게 되는 까닭이라는 뜻입니다. 사람들은 무엇(what)과 어떻게(how)는 잘 알고 있지만 왜(why)는 잘 생각하지 않으려 합니다.

무슨 이유가 그렇게 많냐, 뭘 따지냐, 하는 식으로 '왜' 없이 많은 일을 합니다.

목적과 방법이 이미 정해졌으니 닥치고 따르라는 것이죠. 그렇지만 곰곰이 생각해보면 그 목적과 방법을 누가 정했는지 매우 궁금해집니다.

자본주의 시대, 신자유주의 시대에 목적은 부와 권력이고, 방법은 무한경쟁입니다.

그러나 그것들은 내가 정한 것이 아닙니다. 다른 사람들이 부와 권력을 움켜쥐려고 무한경쟁을 하고 있으니 뒤쳐지면 안 되겠다는 조바심 때문에 그냥 따라가고 있는 건 아닌지 생각해보아야 합니다. 원은 360도이고, 360개의 길이 있다고 하면 부와 권력은 오직 두 개의 길에 해당합니다.

사람의 자질과 특성과 능력이 서로 다르듯이 목적과 방법도 다를 수 있으니 나머지 358개의 길에 대해서도 생각해볼 필요가 있습니다.

우리는 고독해야 합니다.

고독은 몰입을 부릅니다. 시간에는 크로노스와 카이로스가 있습니다.

크로노스란 물리적 시간을 말하고, 카이로스란 개인이 지극히 주관적으로 느끼는 시간을 말합니다. 같은

1분이어도 어떨 때는 1시간처럼 길게 느껴지기도 하고, 또 어떨 때는 불과 몇 초처럼 짧게 느껴지기도 하죠. 고독은 몰입을 부르고, 몰입은 카이로스의 시간을 부릅니다. 시간과 장소를 잊고, 내가 무슨 일을 하고 있는지도 잊습니다. 심지어는 자기 자신조차 잊게 됩니다.

의식과 무의식의 경계에서 자신을 잊은 나와 관념을 포함한 응시대상의 만남이 있을 뿐입니다. 이때 시간과 공간을 초월한 무의식의 세계에 들어가게 됩니다.

잠시 동안일 수도 있고 오랜 시간일 수도 있습니다. 순간이 영원이 될 수도 영원이 순간이 될 수도 있습니다. 카이로스에서의 만남은 'Meeting'이 아니라 'Encounter'입니다. 일상적인 만남이 아니라 우연한 조우입니다.

평상시에는 접하지 못했던 특별한 만남입니다. 그러한 만남은 나를 깊게 하고 넓게 하고 풍성하게 합니다.

우리는 고독해야 합니다.

고독은 체질개선약입니다. 외로움이나 우울은 체질을 약화시키고 망가뜨리지만 고독은 체질을 개선하고 강화시킵니다. 책을 읽고 사색을 하고 자아성찰을 하고 창조적인 활동을 하다보면 자신도 모르게 훌쩍 커져 있는 당신을 보게 될지도 모릅니다. 키가 커졌을 뿐만 아니라 맷집도 단단해져 있을지도 모르죠.

외로운 사람들은 감정이 예민해져서 타인의 자극에도 자기 내면의 소리에도 일희일비하지만 고독한 사람들은 객관적으로 적정한 거리를 유지하면서 자신과 상대를 독립적인 개체로 여기기 때문에 타인의 자극이나 자기 내면의 소리에 일희일비하지 않습니다. 겸손하고 겸양하고 겸허하지만 이미 커지고 단단해진 고독한 사람의 마음은 상처입거나 깨지지 않습니다. 외로운 사람은 자연이나 사물에 감정이입을 하여 동화되지만, 예를 들면 너도 외롭냐 나도 외롭다, 뭐 이런 거죠, 고독한 사람은 동화를 거쳐 투사한 후에 응시하기 때문에 감정을 조절할 수 있는 능력이 생기게 됩니다.

우리는 고독해야 합니다.

고독은 내공입니다. 세상을 살아간다는 것은 거친 물살이 흐르는 폭 넓은 강을 건너는 것과 같습니다. 크기도 속도도 다른 거친 물살에 휩쓸리지 않으려면 크고 무거운 돌을 지니고 건너면 됩니다. 물론 그 돌은 마음속에 있습니다.

강을 건너다 다소 비틀거리기도 하겠지만 그 돌이 금세 균형을 잡아주어 계속 건널 수 있습니다. 마음속의 돌은 처음엔 작지만 고독을 먹고 점점 커집니다.

물론 강을 건널 때 여러 명이 손을 잡고 건널 수도 있지만 혼자서 강을 건너는 경우 마음속에 크고 무거운 돌을 지니고 있다면 안전하게 건널 수 있습니다.

돌이 많으면 다른 사람들에게 줄 수도 있겠죠.

우리는 고독해야 합니다.

고독은 타인을 이해할 수 있게 해줍니다. 타인을 완벽하게 이해하려면 타인이 되어야 합니다. 이는 불가능한 일입니다. 나 자신도 잘 알 수 없는데 어떻게 남을 알 수 있겠습니까? 타인을 이해하는 가장 좋은 방법으로 3겸을 들 수 있습니다.

먼저 겸손입니다. 나를 낮추고 상대를 올리는 거죠. 나를 낮추면 상대를 올리지 않아도 저절로 상대가 올라가게 됩니다. 이렇게 나를 낮추는 이유는 상대를 존중한다는 뜻입니다.

다음은 겸양입니다. 어떤 이는 내가 가진 것을 더 많이 주고, 상대로부터는 조금만 받으라고 합니다. 물론 호의가 권리가 되는 것을 주의해야겠죠.

마지막으로 겸허입니다. 겸허란 겸손과 겸양에 내 마음을 비우는 것을 말합니다. 내가 상대의 마음에 들어갈 수 없으니 내 마음을 비우고 상대가 내 마음 속에 들어오도록 하는 것이죠. 상대와 내가 가장 가까워지는 것이죠. 상대의 말이나 행동을 그대로 받아들이는 것입니다.

하늘을 알기 위해서는 새가 되어야 한다는 말이 있습니다. 내가 바다이든 하늘이든 또는 물고기이든 새든 그건 중요하지 않습니다. 물고기는 바다에서 살고, 새는 하늘에서 산다는 사실이 중요하죠.

고독은 겸허를 가능하게 합니다.

우리는 고독해야 합니다.

창의적이 되고, 창조적이 되기 때문입니다. 많은 위대한 탄생들은 고독과 사색에서 나왔습니다. 어떤 대상이나 관념에 몰입하려면 고독과 사색은 선택사항이 아니라 필수입니다. 혼자서 그것만 오래 생각하다보면, 아니 사랑하면 그것에 대해 속속들이 알게 됩니다. 그것과 사랑하다보면 그것과 결혼하게 되고, 결국은 나와 그것의 사랑의 결실이 태어납니다. 물론 결실의 탄생 전에는 심한 입덧을 하기도 합니다.

결국 혼자서 그것만 생각하다보면 사랑하고 결혼하

고 잉태하고 입덧하고 기다리면 새로운 결실이 태어납니다. 그것이 무엇이냐에 따라 사랑의 결실도 달라지고, 그것이 많을수록 사랑의 열매 또한 많아지겠죠. 나와 그것 사이에서 새로운 것이 태어났습니다. 지금까지도 없었고 앞으로도 없을 새로운 것입니다.

우리는 고독해야 합니다.

고독한 사람은 세상과 맞장을 뜰 수 있습니다. 인간을 소우주라고 합니다.

조그맣더라도 우주는 우주입니다. 고독하다는 것은 독립적인 소우주를 하나 만드는 것과 같습니다. 아니어쩌면 고독한 인간은 독립적인 소우주 그 자체라고 말할 수 있습니다. 고독하다는 것은 큰 세계 하나를 만드는 것입니다.

그 세계는 자기만의 세계이기도 하고 모든 것을 포함하는 큰 세계이기도 합니다.

고독의 과정은 칸막이벽을 세우고 보이지 않게 꼭꼭

숨어버리는 것이 아니라 테두리를 점점 크게 만드는 것입니다. 결국에는 그 테두리조차 없어지는 것입니다.

이제 고독한 사람은 세상과 맞장을 뜨지 않습니다. 세상이 고독한 사람의 마음속으로 들어와 세상과 고독한 사람의 구분이 없어졌기 때문입니다.

고독한 사람의 마음은 무허가입니다.

우리는 고독해야 합니다.

혼자 있으면 즐겁고 결국에는 고독을 사랑하게 되기 때문입니다.

니체는 운명을 적극적으로 받아들이라는 의미로 운명애라고 말했습니다.

자신의 삶을 긍정하라는 얘기겠죠. 또 누군가는 운명은 앞에서 날아오는 돌이고, 숙명은 뒤에서 날아오는 돌이라고 했습니다. 운명은 피할 수 있지만, 숙명은 피할 수 없는 것이라는 뜻이겠죠. 어찌 보면 운명애는 숙명애로 바뀌어야 할지도 모르겠습니다. 이렇듯 운명이나 숙명도 삶의 본질이듯 고독 역시 피해갈 수 없는 삶의 본질입니다. 피할 수 없으니 즐겨야 하고, 즐기는 것을 넘어서 사랑해야겠습니다. 오는 고독을 받아들이는 수동적 자세가 아니라 먼저 고독을 찾아가는 적극적 자세여야 합니다. 고독을 사랑하게 되면 창의와 창조라는 자식을 낳게 됩니다. 우리는 그저 고독을 사랑하기만 하면 됩니다.

결국 인간의 고독은 피할 수 있는 것이 아닙니다. 선택이 아니라 필수며 삶의 필요충분조건입니다. 우리는 고독해야 합니다. 그 다음은 고독에 맡겨두죠.

고독은 성장이다

어린아이들은 고독하지 않습니다. 고독이 뭔지도 모릅니다. 그저 외로울 뿐입니다. 홀로 있지 못하고 누군가와 함께 있기를 원합니다.

어른은 누군가와 함께 있기를 바라기도 하지만 때로는 혼자 있기를 원하기도 합니다. 그러나 어른이 자율적이 아닌 타율적으로 혼자 있게 된다면 어린아이와 다를 바 없습니다. 순전히 자율적으로 혼자 있기를 원하는 것이 어른다움이라고 말할 수 있겠습니다.

청소년기에 이르면 고독이라는 것을 느끼게 됩니다.

사춘기가 지나야 어른이 되는 것처럼 고독을 알기 시작했다는 것은 더 이상 어린아이가 아니라 어른으로 성장하고 있다는 뜻이기도 합니다.

이제는 부모의 도움 없이 혼자서도 무엇이든 할 수 있다는 뜻이기도 합니다.

고독은 머리로도 이해해야 하지만 마음으로도 느껴야 합니다.

머리로만 이해하는 것은 혼자서도 완전할 수 있다는 인식이며, 마음으로만 느끼는 것은 외로움입니다. 하여 고독은 머리의 이해와 마음의 느낌이 더불어 있어야 하는 것입니다. 홀로 있어도 괜찮고 편하다는 것을 아는 것입니다.

자율적으로 고독을 이해하고 느끼게 될 때 비로소 어른이 되었다고 할 수 있습니다.

고독은 도서관이다

　고독은 들어가기도 나오기도 어려운 마음의 도서관입니다. 마음대로 들어갈 수도 나올 수도 없습니다. 마음의 도서관에서는 책을 읽는 대신에 체질개선약을 먹습니다. 자신이 생각하기에 체질이 어지간히 바뀌었다 싶으면 문을 열고 나옵니다. 체질이 제대로 개선되었는지는 바깥으로 나와 봐야 알 수 있기 때문입니다.

　어떤 사람은 마음의 도서관으로 곧바로 다시 들어가지만, 또 어떤 사람은 한참만에 들어가기도 합니다. 아예 들어가지 않는 사람도, 들어갔다가 나오지 않는 사람도 간혹 있습니다. 체질이 충분히 바뀌었는데도 나가지 않는 사람이 있는가 하면, 체질이 제대로 바뀌지 않았음에도 나갔다가 들어오지 않는 사람도 있습니다. 자기 체질이니 자기가 제일 잘 알겠지요.

그런데 말입니다. 체질이라는 게 그렇게 쉽사리 바뀌지가 않는다는 겁니다. 어찌 되었든 마음의 도서관은 입구도 출구도 있지만 마음먹기에 따라 입구도 출구도 없는 곳이기도 합니다.

고독은 가면 벗기다

　사람은 타인을 만날 때 가면을 씁니다. 자기 마음속에 있는 것들을 곧이곧대로 말했다가는 서로 오해를 살 수 있기 때문입니다. 최악의 경우 다시는 안 볼 것처럼 심하게 화를 내고 싸우기도 하기 때문입니다.

　사실이나 진실은 때로 무섭기도 하므로 사람들은 상대에 따라 상황에 따라 적절히 가면을 바꾸어 씁니다. 그래야 서로 불편하지 않기 때문이죠. 혹자는 이를 불가근 불가원이라고도 합니다.

　그런데 이와 반대로 다른 사람을 대할 때 가면을 벗는 사람들도 있습니다. 마음속에 있는 것들이 정화되지 않고 곧바로 말이나 얼굴 표정이나 행동으로 나타나죠. 흥분하고 폭력적으로 변한다는 것이 아니라 자기 마음속의 것들을 들킨 양 부끄러워 한다는 말입니다. 거짓말을 하지도 않았는데 얼굴이 붉어지고 입이 마르고 심지어는 말까지 더듬기도 합니다. 가면의 두께가 얇은 건지도 모르겠습니다.

가면에도 여러 종류가 있습니다.

말을 할 때나 글을 쓸 때 상대를 배려하기 위해 언어의 가면을 씁니다.

상대가 나를 다소 기분 나쁘게 해도 언짢지 않은 듯 얼굴 표정의 가면을 씁니다.

어떤 행동을 하기 싫어도 때로는 해야 하기 때문에 행동의 가면을 씁니다.

이런 가면들을 사람들은 배려라고 또는 예절이라고 합니다.

그러나 어찌 되었든 혼자 있을 때는 가면을 벗어야 합니다. 곁에 아무도 없는데 굳이 가면을 쓸 필요며 이유가 없습니다. 그런데 가면을 너무 오래 썼거나, 너무 많은 가면을 썼거나, 아주 두꺼운 가면을 썼을 경우에는 가면을 벗기가 어렵기도 합니다. 자기의 맨 얼굴을 드러내기가 어렵게 됩니다.

어쩌면 자기의 맨 얼굴을 드러내기 싫어서 그러는지도 모르겠습니다.

가면을 쓰든 쓰지 않든 그것은 자기 마음이지만 진짜 자기 얼굴을 확인하기 위해서라도 가끔은 가면을 벗어야 합니다.

가면을 얼마나 오래 쓸지, 얼마나 많은 수의 가면을 쓸지, 얼마나 두꺼운 가면을 쓸지, 그리고 그 가면들을 어떻게 벗어야 할지 곰곰이 생각해봐야겠습니다.

고독은 영혼의 대화다

사람은 혼자 있을 때 또 다른 자기와 대화를 하게 됩니다.

과거의 나는 묻고 현재의 나는 대답합니다. 그 당시의 말이나 행동이나 장면을 떠올려보기도 하고, 어떤 일의 결과를 궁금해 하기도 합니다. 현재의 나는 판단합니다. 그때 잘못했다고, 아니 잘했다고 객관적으로 말해줍니다. 과거의 나와 현재의 나는 서로 화해를 합니다. 다시는 그러지 말자고 굳게 다짐도 하고 격려하기도 하고 이미 지난 일이니 이제는 다 잊으라고 위안도 줍니다.

과거의 나는 더 이상 그림자가 아닙니다.

현재의 나는 현재의 또 다른 나에게 묻습니다. 내가 지금 잘 하고 있는지, 그리고 앞으로도 잘 할 수 있을지를 궁금해 합니다. 그러나 현재의 또 다른 나는 답변할 수 없습니다. 현재는 끊임없이 변화하는 유동성의 세계이기 때문입니다. 그저 지켜보기만 할 뿐입니다. 사실 현재의 나와 현재의 또 다른 나는 이 둘을 바라보는 제3의 나에게 묻고 싶을 겁니다.

미래의 나 역시 현재의 나에게 물어봅니다. 자기 모습을 그려보라고 재촉합니다. 현재의 나는 미래의 나에게 잠시만 기다려달라고 얘기합니다. 참을성 있게 기다려보라고 말합니다. 현재도 잘 모르는데 어떻게 미래를 알 수 있겠냐며 현재의 나가 미래의 나에게 성질도 냅니다. 과거의 나, 현재의 나, 현재의 또 다른 나, 미래의 나가 뒤엉켜 정신이 하나도 없습니다.

사람은 다른 사람이나 자기 자신과 얘기하기도 하지만 자연이나 사물에 관심을 갖고 그들과 얘기를 하기도 합니다. 물속의 물고기에 대해, 땅 위의 동물에 대해, 하늘을 나는 새에 대해 궁금해합니다. 하늘, 해, 달, 별, 구름, 바람, 땅, 나무, 꽃, 바위, 바다, 강, 물에 대해서도 궁금해 합니다. 책을 읽으며 작가나 책 속의 주인공과 이야기하기도 하고, 음악을 들으며 음악가와 이야기하기도 하며, 그림을 보면서 화가와 이야기하기도 합니다. 혼자 있게 되면 입으로 하는 입말보다 눈으로 코로 귀로 하는 말이 많아집니다. 이럴 때 우리는 세상의 모든 것들과 대화가 가능합니다.

고독은 몰입이다

한 가지 생각에 집중하거나 하나의 사물을 몰입하여 바라보면 그것에 깊이 빠져들게 되어 스스로를 잊는 무아지경의 상태가 됩니다.

이런 무아지경을 보통 사람들도 가끔씩 경험합니다. 책을 읽거나, 음악을 듣거나, 그림을 감상하거나, 또는 무언가를 깊이 생각할 때 잠시 동안에서 꽤 긴 시간 동안 느낍니다. 이런 상태는 다른 사람과 함께 있을 때보다는 혼자 있을 때 경험하는 경우가 많습니다. 혼자 있게 되면 무언가에 집중하고 몰입하기가 쉽기 때문이죠.

고독한 사람은 특히나 혼자 있기를 좋아하고 즐기기도 하므로 무아지경에 빠져서 의식의 나를 잊고 기억의 바다인 무의식을 헤엄칩니다. 무의식은 마치 비행기의 블랙박스처럼 지금까지의 기억이 하나도 빠짐없이 다 저장되어 있습니다. 그 기억의 바다에서 우리는 무의식의 나를 대면합니다.

　창피한 나, 보기 싫은 나, 잊고 싶은 나와도 만나서 서로 얘기합니다. 두 나가 하나의 나가 되어 나의 주인은 둘이 아닌 하나가 됩니다. 몰입했더니 외롭지 않게 되어 고독한 나 역시 외롭지 않습니다.

고독과 우울

　앤드류 솔로몬은 『한낮의 우울(The Noonday Demon)』에서 우울증이란 떡갈나무를 친친 휘감고 있는 덩굴식물이라고 했습니다. 그 떡갈나무와 덩굴식물은 아주 오랫동안 함께 자랐기 때문에 떡갈나무를 더 잘 자라게 하려고 덩굴식물을 없애면 떡갈나무도 살기 어렵다고 했습니다. 인간은 결국 죽을 때까지 우울과 함께 산다는 말입니다.

　고독 역시 마찬가지입니다. 아니, 인간과 고독은 의식과 무의식, 피사체와 그림자처럼 떼려야 뗄 수 없는 사이입니다. 인간은 누구나 실존적으로 고독합니다. 인간은 사회적 동물이 아니라 서로의 필요에 의해 사회를 이루고 사는 독립적, 개인적 동물이라고 말할 수 있습니다.

프런트 라이트(정면 조명)라는 것이 있습니다. 카메라와 피사체 사이의 거리가 적절하면 그림자가 생기지만, 카메라를 피사체에 근접시키면 피사체는 입체감이 제거된 평면적인 것으로 보여 그림자가 생기지 않게 됨을 말합니다. 대신에 부드럽게 보입니다.

어쩌면 우리는 드러내기 싫은 것을 보이지 않게 하기 위해 정면 조명만을 받으며 살기를 원하는지도 모릅니다. 주름이나 굴곡도 없이 그림자도 없이 살기를 원하는지도 모릅니다.

그러나 떡갈나무에서 덩굴식물을 떼어낼 수 없듯이, 피사체와 그림자를, 인간과 우울을, 의식과 무의식을, 인간과 고독을 분리할 수 없습니다. 그 둘은 둘이면서 하나이기 때문입니다.

자발적 고독

　고독에는 자발적 고독과 비자발적 고독이 있습니다. 자발적 고독이란 적극적으로 찾아가는 고독을 말합니다. 고독이 나를 찾아온 게 아니라 내가 고독을 원해서 찾아간 것을 말합니다. 해서 나는 그 자발적 고독에 책임을 져야 합니다.

　반면에 비자발적 고독이란 소극적인 것으로 회피하고 도피하기 위한 고독을 말합니다. 그렇다고 내 마음이 멀리 도망을 갈 수도 없으니 고독이 찾아왔다고도 볼 수 있습니다. 어찌 보면 고독이 아니라 외로움이라고도 할 수 있으며 심해지면 우울에 빠질 수도 있고 더 심해지면 절망 상태가 될 수도 있습니다.

비자발적 고독은 내 의지와 관계없이 일방적으로 당하는 것이 될 수 있으므로 우리는 찾아가서 맞서고 극복하고 즐기고 사랑할 수 있는 적극적 고독을 행할 필요가 있습니다.

먼저 자발적 고독을 찾아가야 합니다. 남이 시켜서 하기 싫은 일을 억지로 하는 게 아닌 마음에서 우러나 기꺼이 하는 고독입니다. 자기가 선택하고 결정했으니 끝까지 책임을 져야 합니다. 자기 탓도 남 탓도 하지 말아야 합니다.

자발적 고독은 자아성찰을 통해 자기 자신을 이해하게 되고, 결국 타인까지도 이해할 수 있게 합니다. 마음이 단단해지고 당당해지고 정신적으로는 독립적이 됩니다. 혼자서도 무엇이든 잘 할 수 있다는 자신감이 생깁니다.

또한 자발적 고독은 사색을 부릅니다. 여러 개를 조

금씩 아는 일(一) 자형이나 한 개를 깊이 아는 아이(I) 자형 사색이 아닌, 티(T) 자형 또는 파이(π) 자형 사색인 넓고 깊은 사색을 통해 새로운 통찰을 하고 새로운 것을 발견할 수 있습니다. 창의성을 갖게 되고, 창조력이 생긴다는 뜻입니다.

게다가 자발적으로 고독하게 되면 외롭지도 쓸쓸하지도 않을뿐더러 오히려 뭔가를 새롭게 보고 새롭게 느끼기 때문에 즐겁고 기쁘기까지 합니다.

비자발적 고독이란 도망 가는 고독입니다. 어쩌면 고독이 아니라 외로움이라고 말할 수 있습니다. 뭔가 일이 잘 풀리지 않으니 자기 탓도 하고 남 탓도 합니다.

마음이 약해지고 위축됩니다. 마음이 돌이나 쇠가 아닐진대 강해지겠습니까만은, 어찌 되었든 약해지고 날카로워지고 예민해집니다. 혼자서 외로우니 관계도 단절되고, 혼자서 뭔가를 제대로 못하니 의지하게 됩니다.

의지하면 할수록 관계의 애착이 아닌 관계의 집착,

심지어는 관계의 중독에 이르기까지 합니다. 이렇듯 자기가 원하는 것이 아닌 뭔가에 떠밀려서 비자발적 고독이라는 방에 들어가 문을 안에서 꽉 걸어 잠그게 되면 더욱 외로워지고 더욱 우울해집니다. 방에 있으니 안전하다는 생각이 들겠지만 그건 오산입니다.

그 방은 아무것도 없는 방입니다. 컴컴한 방입니다. 감옥과 같은 방입니다. 나를 점점 죽이는 방입니다. 그 방의 문은 안에서 잠겼으니 오직 나만이 그 문을 열 수 있습니다. 언제라도 문을 열고 나와야 합니다.

무엇이든 자기가 원해서 하는 일은 힘들어도 힘든 줄 모르고, 시간이 가도 가는 줄 모르고 즐겁게 열중할 수 있습니다. 반대로 하기 싫은 일을 하거나 누가 시켜서 억지로 하게 되면 힘들지 않은 일도 힘들고 시간도 더디 흐릅니다.

즐겁기는커녕 답답하고 짜증도 나고 일의 결과도 좋지 않을 수 있습니다. 고독도 마찬가지입니다. 자발적 고독은 내가 원한 것이니만큼 즐길 수 있지만 비자발적 고독은 그렇지 않기 때문에 오히려 부정적인 결과를 가져올 수도 있습니다. 어찌 되었든 고독은 자발적이어야 합니다.

고독은 위로다

파스칼은 "인간의 모든 불행은 혼자 조용히 집에 있을 수 없기 때문에 생긴다. 자기 삶에 만족하는 사람이라면 절대 집을 떠나 바다를 항해하거나 요새를 정복하지 않을 것이다."라고 말했습니다. 여기서 '혼자 조용히 집에 있을 수 있다.'라는 의미는 말 그대로 혼자 조용히 집에만 있으라는 뜻이 아니라 혼자서도 자기 삶에 만족할 수 있다는 것입니다.

또한 마리엘라 자르토리우스의 『고독이 나를 위로한다』에서는 "바로크 시대의 군주들은 국사를 잊고 칩거할 작은 성을 만들어 고독(Solitude)이라고 불렀다. 나를 위해 만드는 작은 성, 그것이 고독이다."라고 했습니다. 여기서 나를 위한다는 뜻은 휴식, 위로, 치유, 재충전의 의미라고 할 수 있겠습니다.

우리는 몸이 아프면 병원에 있는 의사를 찾아가 치료를 받습니다. 그런데 마음이 아플 때는 어떻게 해야 할까요? 바로 자신의 마음속에 있는 고독이라는 방을 찾아가야 합니다. 그곳에는 주체가 있어 자아를 위로해 줄 것이고, 오(吾)가 있어 아(我)를 치유해 줄 겁니다. 내 마음을 남이 아닌 내가 치료하는 거죠.

이렇듯 고독은 나를 위로해주고 치유해줍니다. 또 다른 나인 주체와 오(吾)가 따뜻한 말이나 행동으로 나의 외로움, 괴로움, 슬픔을 덜어주거나 달래줍니다.

주체와 오(吾)의 말이나 행동은 약간 쓰기도 시기도 맵기도 하겠지만 향기롭기도 하고 달콤하기도 할 겁니다.

인간은 관계에 의해 상처를 입기도 하고 위로를 받기도 합니다.

인간에게는 세 종류의 관계가 있습니다. 사람 이외의 것들과의 관계, 다른 사람과의 관계, 그리고 또 다른 나와의 관계가 그것입니다.

먼저 사람 이외의 것들과의 관계입니다. 그것들은 우리 인간 곁에서 인간과 함께 하고 있습니다. 인간이 먼저 해코지 하지 않는 이상은 인간에게 많은 것을 줍니다. 인간과의 관계에서는 그것들이 상처를 입지 인간이 상처를 입는 일은 거의 없습니다. 인간은 그것들을 위로해주어야 합니다.

다음은 다른 사람과의 관계입니다. 대부분의 상처는 다른 사람과의 관계에서 생깁니다. 내 마음대로 하고 싶은데 그렇게 하지 못할 때, 나는 가만히 있는데 타인이 나에게 상처를 주는 말이나 행동을 했을 때 우리는 상처를 받습니다.

대인관계에서 생긴 문제는 대인관계로 푸는 것이 가장 좋다는 말이 있습니다만 사실 그게 말처럼 쉽지 않습니다. 나와 남은 다른데 어떻게 그것이 쉬울 리 있겠습니까. 그래서 우리는 차선책으로 나와 남과의 대인관계가 아닌 나와 또 다른 나와의 대인관계로 풀기도 합니다. 그때 그 상황의 나를 또 다른 내가 투사하는 것이죠. 그때 그렇게 하지 말고 이렇게 했어야 했는데, 그 상황에서 그런 말이나 행동보다는 이런 말이나 행동이 더 좋았을 텐데 등 나와 또 다른 내가 서로 대화하면서 잘잘못을 가리기보다는 이렇게 하는 게 더 나으니 다음부터는 그렇게 하자는 등 위로도 하고 다짐도 하는 것입니다.

마지막으로 또 다른 나와의 관계입니다. 혼자 있을 때 자신에게 솔직해야 한다는 말이 있습니다. 나를 객관적으로 보아야 한다는 뜻이지요. 다른 사람과 있었을 때 썼던 가면을 벗고 맨 얼굴의 자신을 바라보아야 한다는 뜻이기도 합니다. 나와 또 다른 나는 서로 상처 주고 상처 받는 관계가 아닌 서로 위로를 주고 위로를 받는 상생의 관계입니다.

이런 일들이 고독이라는 방에서 일어납니다. 고독이

라는 방으로 들어가고 고독이라는 방에서 나올 때마다 마음이 커지고 넓어지고 단단해지는 것을 느낄 수 있을 겁니다. 이제 어지간한 것에는 상처 받지 않을 겁니다. 고독이라는 방을 여러 개 만들어놓고 들락날락하세요. 뭐 상처를 받았든 안 받았든 수시로 자주 들어갔다 나왔다 하면 좋겠죠.

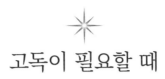

고독이 필요할 때

허리가 90도로 꺾여 오른손에 잡은 지팡이보다 더
작아 보이는 키 작은 할아버지가 공원을 걷고 있을 때

싸구려 감동에 눈물을 흘리고 싶지 않을 때

아무리 읽어도 이해할 수 없는 시를 읽을 때

혼자서 세상과 맞장을 뜨고 싶을 때

또 다른 나를 만나고 싶을 때

혼자라서 외로운데, 외롭지 않으려면

보고 싶은데 볼 수 없고, 가고 싶은데 갈 수 없을 때

냇물이 강으로 가지 못하고, 강물이 바다로 가지 못할 때

동전의 앞면이 뒷면을 보고 싶을 때

재건축은 어렵겠지만 리모델링을 해야 할 때

케렌시아에서도 쉬지 못할 때

콩나물이 자랄 때

도시의 화려한 네온등이 아닌, 시골 오솔길의 희미한 나트륨등이 되고 싶을 때

혼자 술을 마실 때

혼자 재즈곡을 들을 때

남이 나를 알아주지 않을 때, 그래서 내가 나를 알
아주어야 할 때

텅 비어 있는데 채울 어떤 것도 필요치 않아 꽉 차
있는 것 같을 때

시간을 잊고 싶을 때

우듬지가 뿌리인 나무를 보고 싶을 때

땅 속에서도 산 위에서도 땅 위에서도 살고 싶을 때

고독이 뭔지 몰라 고독을 알고 싶을 때

하늘을 알려면 새가 되어 하늘 속으로 들어가야 하듯이, 강물을 알려면 물고기가 되어 강물 속으로 들어가야 하듯이, 고독을 알려면 혼자가 되어 고독 속으로 들어가야 할 때

혼자서 길을 걸을 때

신독(愼獨)하고 엄독(嚴獨)할 때

떠나간 사랑의 유효기간인 눈물의 양을 줄이고 싶을 때

성인도 현인도 범인도 되지 못할 때

부러우면 지는 거다, 라는 생각이 들어 부러움에 지지 않으려면

혼자서 순댓국에 소주를 마신 후 비틀거리며 길을 걸을 때, 그래서 또 다른 나에게서 위로 받을 때

이미지나 동영상이 아닌 텍스트나 소리로부터 감동을 받고 싶을 때

남들은 보고 있지만 나는 듣거나 쓸 때

꼰대가 되고 싶지 않을 때, 꼰대의 공격을 방어하고 싶을 때

비가 와야만 싹을 틔우고 꽃을 피우고 열매를 맺는 사막의 꽃이 보고 싶을 때

남들은 즐거운데 나 혼자 즐겁지 않을 때, 남들은 즐겁지 않은데 나 혼자 즐거울 때

삶을 사랑하려면, 아니 사랑해야만 한다면

다리(橋)도 없고, 줄도 없고, 어깨에 짐도 없는데 급류를 건너야만 할 때

새끼를 낳기 위해 멀리 있는 고향으로 날아가야 하는데 먹이가 없어 먹지도 못하고, 쉴 곳이 없어 쉬지도 못한 채로 높은 하늘을 날아야만 할 때

어디로 갈지도 모르고, 어느 한 곳에도 머물지 못하는 바람이 될 때

움직이고 싶어도 움직일 수 없을 때

우울하거나 절망에 빠져 있을 때

무의식 속으로 들어가고 싶을 때

나무가 무슨 생각을 하는지, 돌이 어떤 마음을 갖고
있는지 알고 싶을 때

무엇이 들어있는지도 모르는, 어디에 있는지도 모
르는, 있는지 없는지도 모르는, 왜 가야 하는지도 모
르는 방을 찾아야 할 때

혼자 아무런 생각이 없이 길을 걸을 때 시원한 바람
이 불면

하늘이 아닌 내 마음 속에서 달과 별을 보고 싶을 때,
땅이 아닌 내 마음 안에서 나무와 꽃을 보고 싶을 때

무위지위까지는 아니더라도 무용지용하고 싶을 때

고독이 필요해서
고독을 초대했는데

불러도 오지 않을 때
우리는 고독을 찾아가
고독 속으로 들어가
고독해야 합니다

고독을 반가워해야 하고
즐거워해야 하고
기뻐해야 하고
친구로 삼아야 하고
사랑해야 합니다
고독과 함께 가야 합니다

2부. 고독과 놀다

고독한 사람은 고독하지 않은 사람을 부러워하지 않습니다. 그 누구도 알 수 없는 것을 나 혼자만 알고 있기 때문이며, 이는 고독하지 않은 사람과는 다른 나만의 세계를 갖게 되었다는 뜻이기 때문입니다.

고독 사용설명서

이 세상 그 누구로부터도 그리고 심지어 자기 자신에게 조차 이해 받지 못하게 되면 고독이 찾아옵니다. 해서 고독해지려면 우선 혼자가 되어야 합니다.

신체뿐만 아니라 정신도 고립되어야 합니다. 신체의 고립이란 다른 사람과 함께 있지 않는다는 것을 의미하는 것이 아니라 부화뇌동하지 않는다는 뜻입니다.

정신의 고립이란 현 세계의 지배 이데올로기로부터 그리고 고정관념이나 선입견으로부터 단절함을 말합니다. 부화뇌동하지 않음과 단절하는 방법과 절차가 고독입니다.

고독해졌다면 이제 고독을 사용해야 합니다. 고독은 고독의 수단이면서 고독의 목적입니다. 고독은 고독을 수단으로 하여 고독이라는 목적에 이르는 것입니다.

육체나 정신의 한계를 자각할 때 인간은 불안해합니다. 무한을 원하지만 유한하기 때문이죠. 이럴 때 고독이 필요합니다. 깊이 내려가거나, 멀리 나아가거나, 높이 올라가는 혼자만의 사색을 통해 한계를 두드려보기도 열어보려고도 합니다. 한계와 씨름하다보면 결국은 한계와 친해지고 사랑하게 되고 한계의 불안으로부터 자유로워집니다. 불안할 필요가 전혀 없는데 불안했으니 피식 웃음이 나올지도 모르겠습니다. 한계 때문에 불안하다면 고독해지기 바랍니다.

인간은 결코 지배 이데올로기로부터 자유롭지 못합니다. 개인이 알고 있는 모든 것은 현세의 이념이나 지식, 경험으로부터 나온 것입니다. 하늘 아래 새로운 것은 없습니다. 이럴 때 인간은 이데올로기의 바깥으로 나가려는 욕망이 있습니다. 새로움을 추구하려는 것이죠. 이념의 대척점에 서 있으려니 이념과 맞장을 뜨려고 하니 강해야 합니다. 이념으로부터의 탈출은 고독으로부터 시작합니다. 고독하지 않은 세계와 고독한 나의 대결이 있습니다. 정신이 고독한 사람은 강한 사람입니다. 강해지려면 정신이 고독해야 합니다.

사람들은 혼자 있는 것을 무서워하거나 싫어하거나 부끄러워하는 경향이 있습니다. 무리와 떨어져 있는 것을 낙오라고 생각하기 때문입니다. 그래서 좋아하지 않는데도 모임에 나가고 다른 사람들과 어울리려고 합니다.

물론 고독은 아프지만 무섭거나 부끄러운 것이 아닙니다. 홀로 있어 봐야 자신의 소중함을 알고, 자신을 사랑하게 되며, 타인 또한 독립된 개체로서 그러한 존재라는 것을 알게 됨으로써 타인의 소중함을 알고, 타인을 사랑할 수 있게 됩니다. 혼자 있을 때 고독해지기

바랍니다.

　고독한 사람은 고독하지 않은 사람을 부러워하지 않
습니다. 그 누구도 알 수 없는 것을 나 혼자만 알고 있
기 때문이며, 이는 고독하지 않은 사람과는 다른 나만
의 세계를 갖게 되었다는 뜻이기 때문입니다.

고독의 종류

　이탈리아 산악인인 라인홀트 메스너는 1978년 세계에서 9번째로 높은 산인 8,125미터의 낭가파르바트를 오릅니다. 파트너도 셰르파도 장비도 산소도 없이 오로지 혼자서 정상을 정복하죠. 메스너는 낭가파르바트를 오르면서 낮에는 눈을 보며 고요 속에서 흰 고독을, 밤에는 컴컴한 공포 속에서 검은 고독을 느꼈다고 그의 저서 『검은 고독 흰 고독』에서 말하고 있습니다.

　메스너는 색깔로 고독을 나누었지만, 고독을 땅 속과 산 위와 땅 위의 고독으로 나누어볼까 합니다.

땅 속에 있는 플라톤의 동굴처럼 낮고 어두운 고독이 있습니다. 혼자서 외롭고 쓸쓸한 고독입니다. 심해지면 우울이 되기도 하고 절망에 빠지기도 합니다.

이와 반대로 산 위에 있는 차라투스트라의 동굴처럼 높고 밝은 고독이 있습니다. 혼자 있지만 외롭지 않으며 뭔가를 새로이 만들어내기 위한 창조적 고독이라고 할 수 있습니다.

마지막으로 땅 위 케렌시아에서의 고독이 있습니다. 투우는 투우사와 대결할 때 임의로 투우장 안의 한 곳을 피난처 겸 휴식처로 정해둡니다.

동굴도 아니고 산 위도 아닌 그리고 칸막이도 없는 툭 터진 투우장의 한 곳을 안식처로 하여 잠시 쉽니다. 세상을 도망갈 곳 없는 투우장이라고 했을 때 투우사는 힘든 삶을 의미하고, 투우는 우리 인간과 같다고 할 수 있습니다.

따라서 인간의 고독은 리스먼이 말하는 군중 속의 고독이기도 하고, 피할 수도 없고 도망갈 수도 없는 고독이기도 합니다.

　플라톤의 동굴처럼 낮고 어두운 고독은 땅 위로 올라와야 하고 차라투스트라의 동굴처럼 높고 밝은 고독은 땅으로 내려와서 땅 위에서 세상의 현실 속에서 고독해야 합니다. 벌건 대낮에 도망갈 곳 없는 투우장에서 투우사와 맞서듯이 힘든 삶과 맞서야 합니다.

　고독은 씹는 것도 느끼는 것도 극복해야 하는 것도 아닌 사랑해야 하는 것입니다.

적극적 고독과 소극적 고독

타인으로부터 간섭 받지 않을 자유를 소극적 자유라고 합니다. 나도 너에게 이래라저래라 하지 않을 테니 너도 나를 간섭하지 마라, 이런 뜻이죠. 반면에 스스로 선택하고 결정하여 실천하는 자유를 적극적 자유라고 합니다.

이러한 적극적 자유를 실현하기 위해서는 몇 가지 조건이 있어야 합니다.

첫째, 적극적 자유는 소극적 자유를 전제로 합니다. 공동체 내에서 무엇인가를 이루려면 타인의 도움이 반

드시 필요합니다. 그 도움은 간섭이 되어서는 안 되며 독립적인 개인이 서로 대등한 관계에서 주고받는 것이 어야 합니다.

사실 도움과 간섭의 경계가 모호하기는 하지만 상호 간에 충분한 대화를 통해 가능하리라 봅니다.

둘째, 적극적 자유는 스스로 정하는 것이어야 합니다. 타인의 권위나 압력에 의한 것이 아닌 스스로 선택하고 결정한 것이어야 합니다. 그렇지만 스스로 결정한다고 해도 이 시대를 지배하는 이데올로기의 영향을 받지 않을 수 없습니다. 그러나 생각의 각도, 보는 각도를 달리한다면 대세니 주류니 하는 것들과는 다른 자신만의 결정을 내릴 수 있을 것입니다.

고독에도 역시 소극적 고독과 적극적 고독이 있습니다.

소극적 고독이란 소극적 자유처럼 타인의 간섭을 받지 않고 홀로 있음을 의미합니다. 나도 너를 방해하지 않고 너의 홀로 있음을 인정할 테니 너도 나를 방해하지 말고 나의 홀로 있음을 인정하라는 겁니다.

여기서 홀로 있음이란 물리적, 심리적, 정신적 홀로 있음을 뜻합니다. 물리적 홀로 있음이란 말 그대로 어떠한 장소에 나 혼자 있음을 말합니다. 심리적 홀로 있음은 다른 사람 없이 혼자 있어도 외롭거나 쓸쓸하지 않음을 말합니다. 오히려 즐기고 기쁘기까지 하는 홀로 있음을 뜻합니다.

정신적 홀로 있음이란 혼자 있거나 다름 사람과 같이 있거나 관계치 않고 마치 수처작주처럼 자신의 독립성을 유지하고 정체성을 지켜나가며 주체로서의 삶을 사는 것을 말합니다.

적극적 고독이란 모든 홀로 있음을 포함하는 것입니다. 혼자 있거나 다른 사람과 같이 있거나 서로의 간섭이나 방해 없이 독립적이고 주체적인 개인으로서 자신의 결정을 이루어나가려는 것을 말합니다. 적극적 자유와 비슷한 점이 있습니다만 적극적 고독에는 '혼자서'라는 개념이 강하게 들어가 있습니다. 문학, 예술, 철학 같은 것들은 혼자만의 적극적 고독과 사색 속에서 결실을 맺는 경우가 많습니다.

고독과 유대

『백년의 고독』을 쓴 마르케스는 '고독의 반대는 유대다'라고 했습니다. 여기서 고독은 하나를 의미하고, 유대란 둘 이상을 서로 연결하는 끈과 결합하게 하는 띠를 말합니다. 그런데 고독은 하나라서 좋지 않고, 유대는 둘 이상이라서 좋은 것이라고 할 수 있을까요?

발자크는 "우리는 고독이 좋은 것이라는 사실을 인정하지 않을 수 없다. 하지만 고독은 좋은 것이라고 서로 이야기할 수 있는 상대가 있다는 것 또한 하나의 기쁨이다."고 말했습니다.

고독과 유대는 서로 좋고 나쁨이 아닌 마치 동전의

앞면과 뒷면처럼 이럼과 저럼이라고 말할 수 있습니다.

그리고 둘 이상의 연결이나 결합을 꼭 인간관계로만
한정지을 필요는 없습니다. 사람은 사람과의 관계가 가
장 중요합니다. 사람은 평생 다른 사람과의 관계 속에
서 살아가기 때문이죠. 그렇지만 관계가 사람과의 관계
만 있는 것은 아닙니다. 자연과의 관계도 있고, 사물과
의 관계도 추상적인 개념과의 관계도 있습니다. 어떤
사람이 사람이 아닌 자연, 사물, 개념과 관계를 더 많
이 맺을 때 그 사람을 고독한 사람이라고 합니다. 니체
가 파베세가 그랬습니다.

이렇듯이 사람 이외의 것들과 관계하는 것은 어쩌면
자기 자신과 관계를 맺고 자기 자신과 얘기하는 것인지
도 모르겠습니다. 사람 이외의 것들과 얘기하는 고독
한 사람은 외롭지 않습니다. 뭔가 다른 생각, 뭔가 다
른 시각을 갖고 있기 때문입니다. 오히려 관계가 풍성
하다고 말할 수도 있겠습니다.

둘 이상은 좋고 하나는 나쁘다고도 말할 수 없습니다. 고독에는 독립적이라는 뜻이 포함되어 있습니다. 완벽하지는 않지만, 그리고 완벽할 수도 없지만 고독한 사람들은 의지하지 않고 살아가려 합니다. 독립적이고 고독력을 갖춘 개인끼리 유대와 연대를 한다면 이상적인 만남이 되겠지요. 어쩌면 고독은 이상적인 유대의 필요충분조건이라고 말할 수 있겠습니다. 건강한 고독과 건강한 유대의 공존이 고독과 유대의 공생이 될 수 있겠습니다.

고독과 힐링

현대를 살아가는 사람들은 이런저런 일로 바빠서 시간이 없다고 합니다. 심지어는 외로울 시간, 고독할 시간도 없다고 합니다. 눈코 뜰 새 없이 바쁜데 언제 자기를 돌아보고, 언제 자기가 누구인지를 찾겠냐고 합니다.

이렇듯 분주하게 살다보면 웬만한 상처나 아픔 정도는 무시하고 그냥 넘어가기도 합니다. 나중에 저절로 낫겠지 하고 방치해두기도 합니다. 저절로 치유되는 것도 있지만 어떤 것들은 계속 쌓이기도 합니다.

그런데 자기의 모든 것이라고 믿었던 일이나 관계가 잘 풀리지 않거나 실패로 끝나는 경우 심한 상실감을 느끼기도 하고 심지어는 우울증이나 좌절감에 빠지기도 합니다.

사람은 대부분 두 세계를 살아갑니다. 현실계와 비현실계라고 해두겠습니다.

현실계란 눈에 보이는 세계, 물질의 세계를 말하고, 비현실계란 눈에는 보이지 않는 정신이나 마음의 세계를 말합니다. 다시 말해서 현실계란 구체적인 세계, 숫자로 표현되는 세계이며, 비현실계는 추상적인 세계, 숫자로 표시되지 않는 세계라고도 말할 수 있습니다.

현실계에서만 살거나 또는 비현실계에만 있는 경우 일이 마음 먹은 대로 풀리지 않으면 더 이상 피할 수도 물러날 수도 없어 어쩔 줄 몰라 합니다.

그러나 현실계와 비현실계를 들락날락 하는 사람은 현실계에서 일이 잘 풀리지 않을 때 또는 현실계에서 답을 얻을 수 없을 때 비현실계로 들어와 쉬기도 하고 해결의 실마리를 얻기도 합니다. 물론 우리는 대부분을 현실계에서 삽니다.

현실계에서의 삶이 힘들고 팍팍할수록 잠시나마 휴식을 취하고 싶어 합니다. 흔히 말하는 힐링이 필요한 거죠. 그런데 우리는 바쁘니까 힐링도 빨리 해야 합니다. 빨리 힐링 하고 빨리 현실계로 돌아가야 합니다. 힐링이 충분히 되었는지 제대로 되었는지 잘 알 수 없습니다.

우리는 문제가 있거나 일이 잘 풀리지 않을 때 뭔가를 합니다. 말을 하기도 하고 표정을 짓기도 하고 행동을 하기도 합니다. 이런 것들을 미닝 아웃(Meaning Out)이라고 합니다. 고독한 사람 역시 고독하다고 미닝 아웃을 합니다. 그러면서 집이나 일터가 아닌 제3의 장소로 들어가 휴식을 취하기도 합니다. 아무도 없는 조용한 곳이라든지, 공원이나 숲속, 산 속, 바닷가 등을 거닐기도 합니다.

뭔가 생각하기도 하지만 아무런 생각도 하지 않는 경우도 있습니다. 이런 곳을 스페인어로 케렌시아라고 합니다. 안식처라는 뜻이죠. 그러나 꼭 물리적인 공간만

이 제3의 장소나 안식처라고 할 수는 없습니다. 물리적인 공간 어디에 있든 내 마음 속에 나만의 비밀 공간을 만들어 놓으면 물리적인 공간과는 무관하게 휴식을 취할 수 있습니다.

예를 들어, 아무 길을 걷더라도 마음이 편안해진다면 그 길이 바로 케렌시아가 되는 것이죠. 길은 물리적 공간이지만 나는 물리적 공간인 길을 걷는 것이 아니라 심리적 공간의 길을 걷는 것이라고 할 수 있으니까요.

또한 무엇이 많아지거나 어떤 일이 복잡해지면 신경 쓸 일도 많아지고 해야 할 일도 많아지므로 사람들은 단순하고 간결하게 생활하기를 원하는 경향도 있습니다.

미니멀 라이프, 단샤리, 소확행, 와비사비 하는 것들이 그렇습니다.

미니멀 라이프란 주로 공간이나 물건들을 적게 작게 하여 단순함에서 만족과 행복을 추구하려는 삶을 말합니다. 단샤리란 단행과 사행과 이행으로서 불필요한 것을 끊고, 버리고, 집착에서 벗어나는 것을 지향하는 삶의 방식이라고 말할 수 있습니다.

소확행이란 작지만 확실한 행복을 추구하는 삶의 경향을 말합니다. 사실 행복이 큰 것, 작은 것, 확실한 것, 불확실한 것이 어디 있겠습니까만은 작지만 확실한 것에서 만족을 찾아보자 하는 얘기입니다.

와비사비란 와비와 사비가 합쳐진 말로 와비란 열등한 상태, 조잡한 모양이란 뜻이며, 사비란 오래된 것, 낡은 것을 말합니다. 와비사비 라이프란 덜 완벽하고 오래된 것들로부터 본질적인 삶을 추구하고 그것의 정취를 느끼는 것을 말합니다.

이러한 삶의 경향이나 추구는 아직 마음의 힘이 어느 정도 있을 때 가능합니다. 오로지 현실계에서만 사는 사람의 경우 자신의 현실이 실패하거나 무너지는 경우 어쩔 줄 몰라 하고 때로는 극단적인 선택을 하기도 합니다.

우리는 현실계에서의 삶만큼 비현실계에서의 생활도 든든하게 해두어야 합니다. 가장 좋은 비현실계의 생활의 하나는 고독이라고 할 수 있습니다.

혼자 있어도 -신체적 고립이 아닌 정신적 홀로 있음을 말합니다- 외롭지 않고, 아니 오히려 즐겁기까지 하고, 독립적이며, 사색적입니다. 세상의 모든 것들과 대등하며, 늘 자신과 타인을 함께 생각합니다. 고독하면 마음에 힘이 생깁니다.

고독의 힘이라고 할 수 있습니다. 물론 숫자로 표시되지 않아 측정할 수는 없지만 고독력이라는 것이 있습니다. 진정한 고독을 이루게 되면 다른 사람이나 다른 것들로부터의 힐링이 아닌 셀프-힐링(Self-Healing)하게 됩니다. 더 나아가 힐링도 셀프-힐링도 필요 없는 든든한 마음의 상태가 됩니다.

고독은 잴 수 없다

피터 드러커는 '측정할 수 없으면 개선할 수 없다'고 했습니다. 모든 것을 측정해서 수치로 표현해야 관리도 개선도 할 수 있다는 뜻입니다. 하물며 영국의 한 교수는 여인의 아름다움을 측정하는 단위로 헬렌(H)을 제안하기도 했습니다. 그러나 에밀리 디킨슨은 그의 시에서 '고독은 감히 잴 수 없는 것'이라고 썼습니다. 어떻게 고독을 잴 수 있겠습니까?

마음은 관리하거나 개선하는 것이 아닌 변하는 것입니다. 고독 역시 마음입니다. 서서히 변하기도 하고 급

작스레 변하기도 합니다.

눈에 보이지는 않지만 고독은 분명히 있고, 잴 수는 없지만 고독력이라는 것 또한 엄연히 존재합니다. 보이지도 않고 잴 수도 없지만 그 힘은 엄청납니다.

측정하려고 해도 너무 크고 너무 강해서 측정할 수 없는 것인지도 모릅니다.

다른 사람과 함께 있으면서도 혼자 있는 것, 혼자 있어도 외롭지 않은 것, 홀로 있어도 불편함을 느끼지 않는 것, 모르는 사람들과 같이 있어도 괜찮은 것, 혼자 무언가를 이루었을 때 기쁨을 느끼는 것, 신독(愼獨)하고 엄독(嚴獨)하는 것, 혼자서 무엇인가를 할 때 결과를 따지지 않고 즐거워하는 것, 나와 또 다른 나의 대화를 추구하는 것, 아무것도 하지 않고 혼자 조용히 있을 때 충일함을 느끼는 것, 이런 것들을 어떻게 잴 수 있겠습니까?

고독과 자연과 사물

외로운 사람은 대상에 감정이입하고 동화됩니다. 내가 TV 드라마 속의 주인공이라면 얼마나 좋을까, 내가 저 하늘의 새라면 훨훨 자유롭게 날아다닐 텐데, 하고 부러워하기도 합니다.

반면에 고독한 사람은 감정이입하고 동화된 후에 투사하고 응시합니다.

하나의 나는 TV 드라마 속의 주인공이 되지만 또 하나의 나는 그런 주인공을 바라봅니다. 하나의 나는 새가 되지만 또 하나의 나는 그 새를 쳐다봅니다.

왜 저런 말을 하고, 왜 저런 행동을 하는지 들여다

보고 곰곰이 생각합니다. 대상에 감정이입하고 동화된 외로운 사람은 그 대상과 얘기를 할 수는 없지만 투사하고 응시하는 고독한 사람은 그 대상과 대화할 수 있습니다.

　고독한 사람은 다른 사람과도 얘기하지만 자연이나 사물, 그 무엇과도 얘기를 합니다. 프레데릭 파작은 『거대한 고독』에서 '체사레 파베세는 누구에게도 할 말이 없었다. 속내를 털어놓을 만한 친구라곤 자연밖에 없었다. 침묵과 고독의 하소연, 속내를 털어놓아도 그러나 자연은 묵묵부답이었다. (중략) 사람들에게 다가갈 수 없었던 니체와 파베세는 사물들에게 다가갔다.'라고 말했습니다. 엄밀히 말해 니체와 파베세는 고독하기도 했지만 우울하기도 했습니다. 점점 더 자연이나 사물에 빠져들었습니다. 고독한 사람이 -실은 외로운 사람이라고 해야 옳을 것 같습니다만- 상실감을 갖게 되면 우울해진다고 합니다.

또한 이승우는 『식물들의 사생활』에서 사람에 대한 관심이 엷어지면 자연에 대한 친화력이 생겨난다고 했습니다.

고독한 사람은 고독한 시간에 자연이나 사물에 자신을 투사하기도 하고 응시하기도 하며 대화를 나누기도 합니다. 자연이나 사물을 위의 것, 아래의 것, 큰 것, 작은 것, 우월한 것, 열등한 것이 아닌 대등한 입장으로 바라보는 것이죠.

이때, 자연에 대한 이해, 사물에 대한 이해, 아울러 타인에 대한 이해가 생겨납니다. 물론 자신에 대한 이해도 생겨나죠. 생명이 있거나 없거나 모두 똑같다는, 나만 중심이 아니라 모든 것들이 제각기 중심이라고 여기게 됩니다.

나도, 너도, 자연도, 사물도, 이 세상의 모든 것들이 서로 제각각 중심입니다.

고독은 복종보다 강하다

　외로운 사람은 자신이 혼자라고 느끼기 때문에 함께 있어줄 어떤 것을 찾습니다. 그것이 자신보다 작고 낮다고 여기면 자기 마음대로 대하려는 경향이 있고, 자신과 대등하다고 느끼면 애착을 갖습니다. 그러나 그것이 자신보다 크고 높아서 힘이 있다면 그 힘에 의지하고 복종하려는 경향이 있습니다.

　그 힘이 자신을 지켜주고 보호한다고 생각하며 그래서 외롭지 않다고 믿기도 합니다.

　반면에 고독한 사람은 혼자 있지만 외롭다고 느끼지

않습니다. 오히려 홀로 있음을 원하고 적극적으로 즐기기까지 합니다. 또한 세상의 모든 것들이 자신보다 높다거나 낮다거나 생각하지 않고 대등하다고 여깁니다. 친근함을 갖고 일정한 거리를 유지합니다. 서로 존중하는 거죠.

외로운 사람은 주관적인 경향이 있어서 감정에 휘둘릴 우려가 있습니다.

물론 객관성이 없는 것은 아니지만 큰 주관성인 큰 감정이 작은 객관성인 작은 이성을 압도하게 됩니다. 인간적이라는 말을 듣지만 자기 자신을 주체할 수 없을 정도로 감정적이 되기도 합니다.

고독한 사람은 객관적이어서 감정에 휘둘릴 우려가 적습니다. 물론 주관성이 없는 것은 아니지만 큰 객관성인 큰 이성이 작은 주관성인 작은 감정을 제어합니다. 때로는 비인간적이고 사람의 냄새가 나지 않는다는 말을 듣기도 하지만 어떠한 상황에서도 자기 자신의 감정을 가라앉히고 추스를 수 있습니다. 고독한 사람은 혼자 있을 때에도 신독(愼獨)하고 엄독(嚴獨)하기 때문입니다.

외로운 사람은 힘을 필요로 하고 그 힘에 의지하고 복종하지만 고독한 사람은 힘을 필요로 하지 않습니다. 고독 자체가 힘이고 따라서 자기 자신도 힘이라고 생각합니다. 자신만 힘이라고 생각하지 않으며 사람, 자연, 사물, 이 세상 모든 것들이 힘이라고 여깁니다.

고독하면 힘이 들기도 하다

때와 상황에 따라 이 가면도 쓰고 저 가면도 쓰느라 힘드셨을 줄 압니다. 때로는 가면이 아니라 아예 또 다른 나를 내보내느라 더욱 힘드셨을 줄 압니다. 그런데 어쩌겠습니까. 가면도 쓰지 않고 진짜 나의 모습을 보이면 삶이 더더욱 힘들어질 것 같으니 말입니다.

사람들은 말하죠. 어떻게 매번 진실만을 말할 수 있겠느냐고요. 맞습니다.

가치 있는 것, 아름다운 것, 진실한 것들은 이 세상에 그리 많지 않을 수도 있습니다. 희귀한 것들일 수도 있습니다. 그런데 문제는 사람들이 진실을 알면서도 그

것을 감추고 잘 말하지 않으려고 하는 경향이 있습니다.

진실은 힘들고 두려운 것이기도 하기 때문입니다. 그래서 사람들은 조금만 힘들고 조금만 두려워하려고 적당한 가면을 쓰기도 하고 적당한 또 다른 나를 내보내기도 합니다.

그러나 내 삶의 주인이 하나인 사람은 가면도 쓰지 않고 진짜 나를 내보냅니다.

많이 힘들죠. 맨 얼굴로 대하니 튼튼한 마음을 가지고 있어야 합니다.

헤쳐나가야 할 것들도 많죠. 고독한 사람은 가면을 쓰지 않으려고 합니다.

고독한 사람은 가짜 나를 내보내려하지 않고 진짜 나를 내보내려고 합니다.

고독한 사람은 진실을 말하려고 합니다. 혼자 있을 때도 힘들고, 다른 사람들과 함께 있을 때는 더 힘이 듭니다. 이래저래 힘이 듭니다.

고독은 힘이 있다

사람은 누구나 서로 상처를 주기도 하고 받기도 합니다. 나는 상대에게 상처를 주는 말이나 행동을 하지 않았다고 생각하지만 상대가 상처를 받았다면 받은 겁니다. 상대가 나에게 상처를 주지 않았다고 해도 내가 상처를 받았다면 받은 겁니다.

어떤 상처는 금세 치료되지만 또 어떤 상처는 꽤 오래 지속되기도 하고 개중에는 끝까지 치유되지 않는 것들도 있습니다.

고독은 신독(愼獨)과 엄독(嚴獨)이라는 아우들을 데리

고 있습니다.

신독이란 홀로 있을 때에도 도리에 어그러짐이 없도록 몸가짐을 바로 하고 언행을 삼가는 것을 말하고, 엄독이란 홀로 있을 때에도 자신에게 엄하라는 뜻입니다.

상처를 오랫동안 깊숙이 바라보며 신독, 엄독하면 상처는 치유됩니다. 상처의 정도를 측정할 수 없듯이 고독력의 수준도 잴 수 없지만 고독이 가지고 있는 힘이라고 할 수 있습니다. 고독은 생각하는 힘, 버티는 힘, 용서하는 힘을 가지고 있습니다. 고독은 혼자서도 충분히 상처를 치유하는 힘을 갖고 있습니다.

3부. 고독과 헤어지다

고독은 어디 특별한 곳에 있는 게 아닙니다. 자기 내면의 가장 깊숙한 곳에 있기도 하고, 여러 사람들 속에 숨어 있기도 하고, 돌 속에 있기도 하고, 산 위에 땅 속에 땅 위에 있기도 하고. 아무튼 모든 곳에 고독은 있습니다.

고독은 친구다

뜻이 잘 맞는 친구가 있다는 건 좋은 일입니다. 그런 친구가 찾아온다거나 그런 친구를 찾아가는 것은 아주 기쁘고 행복한 일이죠.

만나서 얘기도 하고 밥도 먹고 술도 마시면 기분도 좋아지고 세상은 살 만하다고 느끼기까지 합니다. 아니, 별 얘기 하지 않고 아무것도 하지 않고 그저 곁에만 있어도 괜찮겠지요.

뜻이 잘 맞는 친구를 자주 만나기도 하지만 거의 만나지 못하는 경우도 있습니다. 어쨌든 그런 친구와의 만남은 오래 되었어도 바로 어제 만난 것 같은 느낌을 줍니다. 멀리 있는 듯하지만 가까이에 있는 것 같습니다.

친구는 이렇게 서로에게 많은 것을 주는 존재입니다. '사랑과 우정 중에 하나를 고른다면?'이라는 질문이 있을 정도로 친구는 사랑하는 사람만큼이나 소중한 존재라고 할 수 있죠.

고독도 친구와 같습니다. 나를 찾아오는 친구이기도 하지만 내가 찾아가는 친구라고 보는 게 더 맞는 것 같습니다. 내가 아무 때나 찾아가도 고독은 늘 반갑게 맞이해줍니다. 고마운 친구, 반가운 친구죠. 아무것도 가져가지 않고 빈손으로 찾아가도 단 한 번 얼굴을 찡그리지 않습니다. 오히려 내가 아파서 찾아가면 내 고통을 줄여주고, 내 상처를 치료해주고, 내가 너무 아프면 가끔 마취제를 놓아주기도 합니다. 고독은 나에게서 받을 것을 전혀 생각하지 않고, 오히려 내게 무엇을 줄 것인지만을 고민합니다. 고독은 나에게 언제든지 찾아오라고 손짓하지만 고독이 어디에 있는지 잘 모르고, 어떻게 찾아가야 하는 지도 알 수 없어서 나는 선뜻 찾아가기가 꺼려서 매번 망설이지요.

고독은 어디 특별한 곳에 있는 게 아닙니다. 자기 내면의 가장 깊숙한 곳에 있기도 하고, 여러 사람들 속에 숨어 있기도 하고, 돌 속에 있기도 하고, 산 위에 땅 속에 땅 위에 있기도 하고, 아무튼 모든 곳에 고독은 있습니다.

그저 내가 찾아가기만 하면 되는 거죠. 어떻게 찾아가냐고요? 내게 고독이 필요할 때 고독이 나를 부를 겁니다. 사람마다 고독을 찾아가는 방법이 모두 다릅니다. 고독이 손짓을 하기도 하고, 노래를 부르기도 하고, 향기를 내뿜기도 할 겁니다. 어쨌든 고독은 뭔가로 당신을 꼬드길 겁니다. 고독이 오라면 가고, 하라면 하라는 대로 하면 됩니다. 고독은 당신이 고독을 생각하는 것보다 더 많이 당신을 생각하고, 당신이 고독을 사랑하는 것보다 더 많이 당신을 사랑하고 있습니다. 고독에게 가지 않을 이유가 하나도 없습니다. 이제 고독이 보이나요? 들리나요? 당신이 원할 때 언제든지 찾아가세요.

　고독과 단 둘이 술 한잔 하시죠.

고독은 즐거운 것이다

폴 틸리히는 '외로움이란 혼자 있는 고통을 표현하기 위한 말이고, 고독이란 혼자 있는 즐거움을 표현하기 위한 말이다.'라고 했습니다. '즐거움'이란 마음에 거슬림이 없이 흐뭇하고 기쁘다는 뜻이죠. 홀로 있음을 순순히 받아들임은 물론 혼자서 무엇을 느끼거나 어떤 일을 할 때 즐겁다면 고독 역시 즐거운 것이라 할 수 있습니다.

홀로 있음을 거북해하고 불안해한다면 혼자 있는 것은 즐거움이 아니라 고통이 될 수도 있습니다. 중요한 점은 홀로 있음을 순순히 받아들인다는 것입니다. 그러려면 약간의 내공이 필요합니다. 혼자 있어도 외롭지 않으려면 나는 또 다른 나와 얘기를 자주 해야 합니다. 내가 남과 말을 하지 않을 때, 그때 나는 또 다른 나와 말을 할 수 있습니다. 뭐 특별한 얘기랄 것도 없습니다.

지금까지 어떻게 살아왔는지, 지금은 어떻게 살고 있는지, 그리고 앞으로 어떻게 살지 이런저런 얘기를 하면 되는 거죠. 그러다 보면 약간 슬프기도 하고, 조금 기쁘기도 하고, 쓴 웃음을 짓기도 하고, 빙그레 흐뭇하게 웃기도 할 겁니다.

이렇게 여러 감정을 느끼다 보면 저절로 내공이 쌓이고 홀로 있음이 전혀 불편하지 않게 됩니다.

물론 다른 사람과 함께 해도 좋지만 내공이 쌓였다면 혼자 해도 즐거운 것들을 찾아 해보도록 합니다. 이 세상 모든 것들은 언뜻 보면 언제나 함께 있는 것 같지만 사실 자세히 보면 모두 혼자입니다. 어쩌다 보니 같이 있는 것이고 필요에 의해 함께 있는 것입니다.

다른 사람과 함께 있을 때도 즐겁고, 나 혼자 있을

때도 즐겁다면 더할 나위가 없겠지만, 다른 사람과 함께 있을 때 즐겁지 않더라도 나 혼자 있을 때만큼이라도 즐거워야겠습니다. 또 다른 나와 사이가 좋지 않을 필요가 전혀 없습니다. 나와 또 다른 나는 서로 슬퍼해주고 위로해주고 힘을 주어야 합니다.

내공이 좀 더 쌓인다면 고독은 즐거움뿐만 아니라 기쁨도 줍니다. 혼자 사색하는 기쁨, 혼자 뭔가를 느끼는 기쁨, 혼자 뭔가를 새로 발견했을 때의 기쁨 등 혼자 있는 별이 수없이 많듯이 혼자 있는 기쁨도 수없이 많습니다.

이렇게 해서 고독은 즐거운 것 뿐만이 아니라 기쁜 것이 되는 것이죠. 즐거움도 기쁨도 넘치니 소로가 말했듯이 '고독은 세상에서 가장 큰 사치'가 될 수도 있겠네요. 나 혼자서 오롯이 누릴 수 있는 사치 말입니다.

고독은 달다: S형(兄)에게

S형에게,

그동안 어떻게 지내셨는지요. 잘 계실 줄 믿습니다.
S형을 만난 지도 며칠 있으면 벌써 4년이 되어가는군
요. 세월 참 빠르네요. 저요? 저는 뭐 그럭저럭 지내고
있습니다. 무소식이 희소식이라고요? 그렇죠. 서로 무
탈하게 지내는 걸 보니 소식 없음이 좋은 소식이기는
하네요. 무슨 일을 하며 지내느냐고요? 얘기가 좀 깁니
다. 가진 게 시간밖에 없으니 들어보시겠다고요? 그럼
말씀드려도 되겠네요.

아, 그 전에 여러 사람을 통해 S형의 소식을 들을 수

있었습니다. 요즘 이것저것 하신다고요. 예? 백수인데
과로사할 지경이라고요? 히 무슨 말씀을 그렇게 하세
요. 요즘 무용지용을 이루시려고 바쁘시다는 얘기를
들었습니다.

무용지용 해봤는데 진짜 무용이더라고요? 사람이
살면서 어떻게 유용만 추구할 수 있겠습니까. 유용도
하고 무용도 하는 거죠. 뭐 하고 지내느냐고요? 한 가
지만 더 물어보겠습니다. S형도 저처럼 혼자 지내고 계
신다는 얘기를 들었습니다.

혼자서 무엇을 하시며 지내시는지 궁금하네요. 그냥
이것저것 생각하신다고요?

그럼 아까 이것저것 하신다는 게 생각이었군요. 그런
데 무슨 생각을 그리 하시는지요? 쓸모없고 쓸데없는
생각들을 하신다고요? 그래서 무용지용이 무용이더라
이런 말씀을 하신 거군요. 음, 죄송하지만 용서해주신
다면 제가 한 말씀드리겠습니다. 생각은 나무의 뿌리
같은 것이라고 생각합니다.

S형도 잘 알고 계시겠지만 생각은 뿌리요, 행동은 꽃이요, 생각과 행동의 결과는 열매입니다. 예? 행동은 안 하고 생각만 하신다고요? 그런데 제가 어디선가 읽은 적이 있는데 생각이 넘치면 저절로 행동하게 된다고 합니다.

저, 어떻게 지내느냐고요? 저도 S형처럼 혼자 지내고 있습니다. 얘기가 좀 길어도 들어보시겠다고 하셨으니 말씀드리죠. 사실 저도 S형처럼 무용지용을 이루기 위해 이것저것 해보고 있습니다. 처음엔 무위지위를 생각도 해보았지만 택도 없더라고요. 요즘 말로 넘사벽이더군요. 그래서 무용지용을 떠올렸고 과연 쓸모없는 것이 쓸모가 있을까 진지하게 고민해오고 있습니다. 못생긴 나무가 산을 지킨다는 게 사실은 사실이니까요. 그런데 가끔 이런 생각이 들더군요.

예전에 많은 사람을 만났을 때 그 사람들의 각각의 맛을 알지 못했는데, 사람에게 맛 운운하는 게 적절한지는 모르겠습니다마는, 그리고 저 자신이 무슨 맛이 나는지 저 자신도 잘 모르고 있었는데, 혼자 지내다보니 최소한 제가 제 맛을 알게 되더라고요. 왜 음식도 비빔밥처럼 여러 재료가 들어간 것도 있지만 두부처럼 한 가지 음식도 있잖습니까.

그리고 혼자 있다 보니 제가 맛이 없다는 것을 알게 되었습니다. 그런데 쌀도 반찬 없이 오래 씹으면 달듯이 고독도 오래 씹으니 달달하더라고요. 혼자 있다 보니 사람들하고는 얘기를 잘 안 하는데 사물과 얘기하게 되더라고요.

그게 가능하냐고요? 당연히 안 되죠. 그냥 얘기하는 것처럼 하는 거죠.

그런데 참 이상한 게 사물이 얘기하는 게 들리는 것도 같더라고요. 그것들이 참 짠하기도 하고 대단하기도 하더라고요. 알아서 열심히 잘 살더라고요. 또 가만히 살펴보니 그 전에는 관심도 두지 않았던 길가의 돌멩이 같은 것들이 각자의 위치에서 혼자 조용히 자리를 지키고 있더라고요. 다른 사람들에겐 쓸모가 없을지 몰라도 저에게는 쓸모가 있더라고요. 무슨 쓸모냐고요?

뭐 저하고 얘기하는 쓸모죠. 그게 무슨 쓸모냐고요? 저하고 얘기하는 쓸모라고 말씀드렸잖아요. 사물과 얘기하게 되니 사물이 의미 있고 가치 있다는 생각이 들고 사람들은 또 얼마나 큰 의미와 가치가 있을까를 생각하게 되더라고요.

그래서 결론이 뭐냐고요? 뻔하죠, 뭐. 사물도 소중한데 사람은 얼마나 소중할까 뭐 이런 얘기죠. 그렇다고 제가 모든 사람과 사물을 사랑하겠다는 얘기는 아닙니다. 제가 신이나 성인도 아닐 뿐더러 그럴 능력도 없습니다. 어쨌든 만나는 사람들 사물들 모두를 소중하게 여기겠다 이런 얘기입니다.

이 모든 게 고독을 씹었더니 생기는 일이더라 이런 얘기입니다. S형도 한번 해보시죠. 고독을 짧게 씹지 말고 단물이 나오도록 오래 씹어보세요. 뭐라고요? 얼마 후 4년이 되는 날에는 한 번 만나자고요? 예, 물론 저도 좋습니다. 그때 술 한잔 하시죠. 제 얘기가 길었습니다. 건강하시고 그때 뵙겠습니다.

그럼 이만…….

고독은 선물이다

　많은 사람들과 만나더라도 다양한 사람들과 만나지 못할 때 또는 많은 만남을 가지더라도 만남의 깊이가 없는 경우 그리고 나와 또 다른 나의 관계가 만족스럽지 않게 되면 사람은 외로움을 느끼거나 고독해집니다. 이럴 때 고독을 즐길 줄 아는 사람에게 고독은 삶이 주는 선물이라고 할 수 있습니다.

　고독이란 적극적인 홀로 있음입니다. 혼자 있으면서 나는 또 다른 나의 애기를 듣습니다. 혼자 있을 때나 다른 사람과 함께 있을 때나 듣습니다. 듣는다는 것은 받는다는 것이고 이는 또 다른 나로부터 그리고 남으로부터 말을 선물 받는 것입니다. 침묵해야 말을 들을 수 있습니다. 침묵(silent) 안에는 듣다(listen)가 들어있다고 하지 않습니까.

외로움을 극복하고 독립된 인간으로 우뚝 서서 고독을 즐기고 사랑하게 되면 어쩔 줄 모르는 홀로 있음에서 흔들리는 자아로, 다시 흔들리지 않는 주체로 나아가는 것이지요.

지금까지 받았으니 이젠 주어야겠지요. 자아는 흔들리게 마련입니다. 자아는 무에서 시작해 다른 사람과 다른 것들의 영향을 받으며 형성됩니다. 사실 자아는 모두 가짜나 다름없다고도 말할 수 있습니다. 그래서 자아는 이랬다 저랬다를 반복하게 됩니다. 이럴 때 고독이 필요합니다. 내가 누구인지, 자아라는 것이 있기나 한 건지 홀로 사색하는 고독이 필요합니다.

때가 낀 창문들을 하나씩 깨끗하게 닦듯, 썼던 가면들을 하나씩 벗듯 가짜 자아들을 하나씩 걷어내고 진짜 자아를 찾는 것이지요. 그런데 진짜 자아는 없다고 느끼는 순간, 자아는 사라지고 죽어 없어지고 주체라는 것이 생겨납니다. 흔들리지 않는 하나의 주체는 흔들리는 여러 개의 자아들에게 고독하라고 얘기합니다. 고독이란 흔들리지 않는 주체가 흔들리는 자아에게 주는 선물입니다. 더 이상 흔들리지 말라고 더 이상 가짜에 속지 말라고 고독이 자아에게 주는 선물입니다.

고독의 여정(아솔이의 여행)

아솔이는 혼자였습니다. 부모님이 계셨지만 계속 때를 쓰는 아솔이에게 부모님은 언젠가부터 냉담해지기 시작했습니다. 뭐든지 집착하는 아솔이를 좋아하는 사람은 아무도 없었습니다. 원하는 것을 현실에서 이룰 수 없게 되자 아솔이는 꿈을 꾸기 시작했습니다. 자기가 원하는 것이 다 이루어지도록 돌아가신 할아버지에게 꿈 속에서 빌고 또 빌었습니다. 어느 날 새벽 아솔이는 꿈속에서 할아버지의 말씀을 듣게 되었습니다. 암파라는 별에 가면 원하는 것을 모두 얻을 수 있을 뿐만아니라 주고 싶은 것도 모두 줄 수 있다고 말입니다.

그렇지만 아솔이는 집을 떠나기 싫었습니다. 냉담한 부모님이었지만 없는 것보다는 있는 게 더 나았기 때문입니다.

암파별에 갈까 말까 망설이던 중에 사촌인 테솔이와 리솔이가 찾아옵니다.

아솔이는 태어나서 처음으로 사촌들을 만났습니다. 테솔이와 리솔이는 아솔이가 할아버지 꿈을 꾸던 날 자기들도 같은 꿈을 꾸었다고 했습니다. 셋은 신기해하며 암파별에 가기로 합니다.

어느 날 새벽 셋은 함께 길을 떠납니다. 자기밖에 모르는 아솔이, 모든 걸 조심하는 테솔이, 자신에게 철저한 리솔이, 이렇게 셋은 손을 잡고 어디에 있는지도 모르는 암파별을 찾아갑니다.

아침이 되어 다다른 곳은 시장이었습니다. 많은 것이 있었습니다. 없는 게 없었습니다. 상인들은 고기나 채소처럼 눈에 보이는 것들도 팔았지만 긍정이니 행복이니 하는 눈에 보이지 않는 것들도 팔았습니다. 셋은 신기해했습니다.

고기나 채소에는 가격표가 붙어 있었지만 긍정이나 행복에는 가격표가 없었습니다. 셋이 신기해하는 것이 하나 더 있었는데 상인이나 고객 모두 변검술사처럼 순식간에 얼굴이 휙휙 바뀌는 것이었습니다. 셋이 마지막으로 신기해한 것은 상인이나 고객이 얼굴이 바뀔 때마다 목소리도 바뀐다는 사실이었습니다.

셋은 얼굴도 목소리도 하나씩뿐이어서 상인이나 고객과 얘기할 때 어떻게 해야 할지 몰랐습니다. 상인이나 고객은 아솔이 일행을 신기해했고 아솔이 일행은 상인이나 고객을 신기해했습니다. 어떻게 한 사람이 여러 얼굴과 여러 목소리를 가지고 있는지 의아해하며 셋은 시장을 빠져나와 다시 길을 걷기 시작했습니다.

점심때쯤 되자 셋은 배가 고파 어느 식당에 들어갔습니다. 많은 사람들이 한 탁자에 함께 모여 즐겁게 얘

기를 하며 식사를 하고 있었습니다. 셋도 먹을 것을 시
켰습니다. 그런데 주위를 둘러보니 이상한 것들이 눈
에 띄었습니다.

어떤 밥그릇은 컸고 또 어떤 밥그릇은 작았습니다.
어떤 사람은 그만 먹었으며 또 어떤 사람은 뭔가를 계
속 시켜서 먹고 있었습니다. 저 밥과 반찬이 다 어디로
들어가지 할 정도로 계속 먹고 또 먹었습니다. 또 어떤
사람은 아주 조금 있는 밥을 아주 조금씩 아껴 먹고
있었습니다. 저 밥 가지고는 양이 차지 않을 텐데 라는
생각이 들 정도였습니다. 그럼에도 그들은 서로 즐거운
표정을 짓고 있었습니다.

그러나 식당 안의 사람들은 중간중간 무표정했으며
얼굴을 돌릴 때는 조금 슬픈 것도 같았습니다. 앞에서
는 즐거운 표정, 옆에서는 무표정, 뒤에서는 슬픈 표정
을 지었습니다.

셋은 밥을 다 먹고 식당을 나왔습니다. 그동안 시장
에서 그리고 식당에서 셋은 사람들에게 암파별을 아는

지 그리고 어디 있는지 물어보았으나 아무도 아는 사람이 없었고 아무도 알려주지 않았습니다.

셋은 다시 길을 재촉했습니다. 어둑어둑해질 무렵 셋은 잠을 자기 위해 한 여관에 들었습니다. 여관주인은 처음에 아솔이 일행의 나이가 어려서 묵을 수 없다고 하더니 돈을 많이 내고, 자기가 시키는 대로만 하면 잠을 잘 수 있게 해주겠다고 말했습니다. 셋은 있는 돈을 다 내주고 잠자리에 들었으나 아침까지 잠을 안 자고 한밤중에 그 여관을 나올 생각이었습니다.

왠지는 알 수 없었으나 그 여관에 오래 머물기가 싫었습니다. 그런데 하루 종일 걸어서 피곤했던 셋은 그만 깜빡 잠이 들고 말았습니다. 그러자 꿈속에서 할아버지가 나타나 암파별을 찾았느냐고 물었습니다. 찾지 못했다고 대답했더니 그럼 어서 일어나 찾으러 가라고 꾸짖는 것이었습니다. 셋은 돈도 없고 몸도 피곤하고 그리고 무엇보다 암파별이 있는지 없는지도 모르는데,

있다 해도 어디에 있는지 모르는데 어떻게 찾으러 갈수 있겠냐며 원망 어린 목소리로 되물었습니다. 할아버지는 잠시 아무 말 없이 가만히 있다가, 그럼 다시 집으로 돌아가라고 말했습니다. 사실 셋도 어서 집으로 돌아가고 싶은 마음뿐이었습니다.

셋은 잠에서 깨어 여관을 빠져나와 식당을 지나 시장을 거쳐 다시 집으로 돌아왔습니다. 밤인데도 식당과 시장은 여전히 사람들로 붐볐습니다. 잠을 안 자는 것 같았습니다.

다음 날 새벽쯤에 셋은 집에 도착했습니다. 하늘을 보니 밝은 달도 있고 빛나는 별도 있어 주위는 어둡지 않고 환했습니다. 바람도 불어 시원했습니다.

셋은 방으로 들어가 달콤한 잠을 잤습니다. 할아버지가 꿈속에 나타나지는 않았으나 셋은 다음날 다시 암파별을 찾으러 가지고 약속했습니다.

지금 이 별이 암파별이라는 사실을 모른 채 셋은 꿈도 꾸지 않고 잠을 잤습니다.

고독은 베이스캠프다

사람은 혼자 태어나서 혼자 살아가다가 혼자 죽습니다. 물론 태어나는 순간부터 세상과 함께 살지만 그 누구도 그 어떤 것도 나를 대신해서 태어나지도 살지도 죽지도 않습니다. 만약 그런 삶이 있다면 그 삶은 내 삶이 아니죠. 따라서 사람은 혼자입니다. 혼자라는 말은 내 삶을 나 혼자 독립적으로 꿋꿋하게 산다는 뜻이며, 이때 혼자의 외로움과 혼자의 고독은 선택이 아니라 필수가 됩니다.

흔히 인생을 등산이라고 합니다. 정상에 올랐다가

다시 내려오게 됩니다. 물론 정상에 오르다가 그만 두는 사람도 있고, 정상에 아주 잠깐 머물다가 내려오는 사람도 있고, 정상에 오래 머무는 사람도 있고, 정상에서 서서히 내려오는 사람, 절벽에서 추락하는 사람 등 수도 없이 많습니다.

또 정해진 길로 올라가는 등정주의도 있고, 자기가 길을 찾으면서 올라가는 등로주의도 있습니다. 어쨌든 사람이 태어나서 살다가 죽는 것을 등산에 비유한 것입니다.

우리는 높은 산을 오를 때 만반의 준비를 합니다. 산 밑이나 산 중턱에 베이스캠프를 차려 놓습니다. 이런저런 이유로 등산을 잠시 멈추어야 할 때 또는 올랐던 길을 다시 내려와야 할 때를 대비한 것입니다. 베이스캠프는 하나가 될 수도 둘 이상이 될 수도 있습니다.

사람의 삶 역시 마찬가지입니다. 삶을 살다가 우리는

여러 가지 이유로 자신을 되돌아보아야 할 때가 있습니다. 자신을 한 단계 높이거나 지금의 자신보다 더 큰 사람이 되고 싶을 때가 생깁니다. 이럴 때 우리는 고독해야 하고, 고독은 베이스캠프가 되는 것입니다. 가재는 몸이 커지면 껍데기도 커져야 하기 때문에 탈피하기 위해 은밀한 곳으로 숨습니다. 가재의 탈피는 사람에게 이런저런 이유라고 할 수 있고, 은밀한 곳은 베이스캠프라고 말할 수 있습니다.

우리는 삶을 살다가 보이는 큰 것 또는 보이지 않는 큰 것에 의해 강제조종 당하고 있다고 느낄 때, 그런 것들에 과잉동조하고 있다고 느낄 때, 대인관계에 문제가 생겼을 때, 나는 인정받고 싶은데 사람들이 나를 알아주지 않을 때, 어디론가 피하고 싶거나 숨고 싶을 때, 그냥 조용히 혼자 있고 싶을 때, 휴식을 취하고 싶을 때, 위로를 받고 싶을 때, 신체적 심리적 정신적으로 원기를 회복하고 싶을 때, 한 단계 높은 성숙을 원할 때, 뭔가를 곰곰이 생각하고 싶을 때, 중간에 멈춰서거나 올라왔던 길을 다시 내려와서 베이스캠프로 들어가야 합니다.

가족, 친구, 애인이 베이스캠프가 될 수 있습니다. 나만 아는 장소가 그래서 나 혼자 뭔가를 할 수 있는 곳이, 늦은 밤이나 새벽이, 내가 좋아하는 동물이, 내가 좋아하는 나무나 꽃과 풀이, 책이 음반이 그림이, 돌이 바람이, 차분한 생각이, 이 정도는 괜찮아 하는 마음이, 포용하는 자세가, 고독과 유대는 하나라는 말이, 베이스캠프가 될 수 있습니다.

밑에 있든 중턱에 있든 아니면 정상 가까이에 있든 베이스캠프는 여러 곳에 있습니다. 자신만의 베이스캠프를 만들어 놓고 뭔가를 해야 합니다. 기력을 회복하고 툭툭 털고 다시 올라가야 합니다. 정상이란 부와 권력과 명예와 같은 세속적 성공일 수도 있고, 문학이나 음악이나 미술과 같은 예술적 성취일 수도 있고, 도덕적 윤리적 삶을 실천하려는 정신적 철학적 성숙일 수도 있고, 마음 비우기일 수도 있고, 자아의 탐구에서 얻어진 자아의 향유일 수도 있습니다.

아니면 신산한 삶을 이기는 것이 아닌 그저 버티는 것일 수도 있습니다.

어쩌면 정상은 하나가 아닐 수도 있어서 그때마다 우리는 수많은 베이스캠프를 만들어야할 지도 모릅니다. 베이스캠프를 두지 않고도 잘 올라가는 사람도 있고 베이스캠프를 꼭 두어야 하는 사람도 있습니다. 어쨌든 고독은 베이스캠프입니다.

고독은 투쟁이다

−물어보는 사람(Q): BJS 잡지사의 유연대 기자

'함께 살아야만 한다'를 사시(社是)로 하여 유대와 연대를 강조하는 잡지사에 근무한다

−대답하는 사람(A): 독고 김일완 선생

최근 한 일간지에 '고독은 투쟁이다'라는 칼럼을 게재하여 화제가 되고 있다

Q: 안녕하세요. 독고 선생님. 며칠 전에 전화 드렸던 BJS 잡지사의 유연대 기자입니다. 만나 뵙게 되어 반갑습니다.

A: 안녕하십니까. 유기자님. 김일완입니다. 반갑습니다.

Q: 저희 인터뷰에 흔쾌히 응해주셔서 진심으로 감사드립니다.

A: 아닙니다. 특별하지도 대단하지도 않은 저를 찾아와주셔서 제가 감사드립니다.

Q: 요즘 어떻게 지내지는지요?

A: 뭐 별다른 일은 없습니다.

Q: 그럼 바로 인터뷰를 시작해도 되겠는지요?

A: 예, 괜찮습니다. 시작하시죠.

Q: 예, 그럼 시작하겠습니다. 선생님께서는 얼마 전에 한 일간지에 '고독은 투쟁이다'라는 글을 쓰셨는데요. 어떻게 해서 그 글을 쓰게 되셨습니까?

A: 제가 평소에 생각하고 있었던 고독에 대한 글을 정리하여 그 일간지에 투고했는데 그 글을 실어주더군요.

Q: 그럼 본론으로 들어가겠습니다. 선생님께서는 그 글에서 고독의 4가지 투쟁에 대해 말씀하셨습니다. 고독은 외로움과의 투쟁이고, 또 다른 나와의 투쟁이고, 세상과의 투쟁이고, 새로운 것을 얻기 위한 옛 것과의 투쟁이다, 라고 말씀하셨는데요. 이 네 가지에 대해 하나씩 설명을 부탁드리겠습니다.

A: 예, 알겠습니다. 그런데 설명에 앞서 유 기자님은 고독에 대해 어떻게 생각하시는지요?

Q: 출판사 입장에서의 견해를 말씀하시나요, 아니면 제 개인적인 견해를 원하시는지요?

A: 유기자님이 평소에 생각하고 있었던 지극히 개인적인 생각을 말합니다.

Q: 저는 고독에 대해 가끔 생각을 합니다만 그렇게 깊이 오랫동안 생각한 적은 거의 없습니다. 고독하면 저는 외로움, 고독사, 은둔형 외톨이, 사회 부적응 등의 부정적인 면과 위대한 사람들은 위대한 창조를 위해 고독했다, 정도의 긍정적인 면의 두 가지가 생각납니다.

A: 예, 맞습니다. 많은 사람들이 유기자님과 같은 생각

또는 비슷한 생각을 하고 있습니다. 아마도 TV나 신문 등에서는 고독을 외로움과 다른 것이 아닌 하나로 생각하고 ―고독도 외로움으로 생각하고 있는 것 같습니다― 고독을 긍정적인 면보다는 해결해야 하고 치료해야 하는 병과 같은 것으로 얘기들을 하고 있으니 그럴 만도 합니다. 충분히 이해합니다. 물론 많은 책들이 고독을 긍정적인 것으로 얘기하고 있습니다만 아무래도 책은 TV나 신문보다는 영향력이 떨어지는 게 사실이니까요.

저는 고독을 긍정적인 것이다 또는 부정적인 것이다, 라는 측면이 아닌 객관적으로 보려고 노력했고 그 결과로 '고독은 투쟁이다'라는 글을 쓰게 되었습니다.

하나씩 말씀드리겠습니다. 먼저 고독은 외로움과의 투쟁입니다. 혼자 되어 쓸쓸하고 그것을 견디지 못함을 외로움이라고 한다면, 혼자 되었는데도 외롭거나 쓸쓸하기는커녕 즐거워함을 고독이라고 합니다. 사실 투쟁이라는 말보다는 홀로 있음의 부정적 발현이 외로움, 긍정적 현현이 고독이라고 하는게 더 나은 설명이 될 수 있겠습니다마는, 홀로 있음의 외로움을 이기고 극복해서 고독에 이른다고볼 때, 투쟁이라고도 할 수 있습니다.

둘째, 고독은 또 다른 나와의 투쟁입니다. 혼자서고독하게 되면 아무래도 생각이 많아지게 마련입니다. 기자님도 아시다시피 내 안에는 또 다른 수많은내가 있다고들 말하지 않습니까. 가면을 쓴 많은 나가 있고, 가면을 벗고 있어도 어떤 것을 하라는 나와 하지 말라는 나와 그것을 지켜보는 나와 그 결정을 내리는 나가 있습니다. 어느 나가 진짜 나인지모릅니다. 진짜 나는 순간적으로 나타났다가 순식간에 사라지기도 하기 때문입니다. 진짜 나와 진짜가 아닌 나의 합일을 위해 많은 나들이 서로 싸우게 됩니다. 최종 목적은 합일이지만 합일까지 이르지 않더라도 그 과정에서 주체적인 나가 나타나게 되죠. 그 나는 많은 나들을 이겼으니 상처를 입었겠지만 사기 충만하죠. 세상과 싸울 준비가 될 정도로 강하죠.

셋째, 고독은 세상과의 투쟁입니다. 사실 한 개인의 힘으로 이 세상과 맞서 싸운다는 것이 말도 되지 않는 일입니다. 어떻게 세상과 싸워 이길 수가 있겠습니까. 그러나 마음은 다릅니다. 마음은 보이지도 않고 그 크기도 잴 수 없습니다. 사실 있는지 없는지도 모릅니다. 따라서 내 마음은 이 세상의 어느 것과 또는 이 세상 전체와 싸운다고 해도 그 승패를 알 수는 없습니다. 그러나 크기를 알 수 없는 내 마음이 텅 비어 있다면 이 세상의 모든 것들을 품어도 부족하지 않을 것입니다. 사실 투쟁이라는 표현보다는 포용이라는 말이 더 적절할지도 모르겠습니다만, 세상이 나를 가만히 내버려두지 않고 자꾸 싸움을 걸어오니 투쟁이라는 표현도 맞겠습니다. 지배 이데올로기와의 싸움, 굳어진 진리와의 싸움,

먹고 살아야 한다는 지극히 현실적인 삶과의 싸움, 계속 살아가야 한다는 생존명제와의 싸움 등 실존의 고독은 세상의 수많은 것들과 싸워야 합니다.

넷째, 고독은 새로운 것을 얻기 위한 옛 것과의 싸움입니다. 지금까지 고독은 외로움과 또 다른 나들과 세상과 투쟁했습니다. 독수리가 두 번 살 듯이, 오래된 집을 리모델링하는 것이 아닌 부수고 새로 짓듯이 투쟁의 결과 고독은 새로운 나를 만들어 냅니다.

Q: 잠시만요, 선생님. 말씀 중에 죄송합니다만 새로운 나를 만들어서 어떻게 된다는 건지요?

A: 새로운 나는 기존의 주체적인 나와 또 다른 많은 나들에게 영향을 미칩니다.

마치 소수의 정의의 투쟁이 성공적으로 끝났을 경우 다수의 투쟁하지 않은 사람이나 것들에게 그 피의 열매 그러나 달콤한 열매가 골고루 돌아가듯이 말입니다. 이렇듯 고독은 네 번의 투쟁을 통해 새로운 나가 되어 새로운 삶을 살게 되는 것입니다. 그 새로운 삶은 말 그대로 이전의 삶과는 다른 삶이 될 것이며, 두려움이 없는 삶, 다 용서하는 삶, 다 받아들이는 무허가의 삶이 될 것입니다.

Q: 잘 들었습니다. 선생님. 제가 한 번 정리해보자면 내적 외적 투쟁을 통해 새로운 나가 탄생한다고 보면 되는 것인지요?

A: 그렇습니다. 제가 말씀드리는 새로운 나는 불교에서 말하는 부처도 아니고, 니체가 말하는 초인도 아니고, 흔히들 말하는 슈퍼맨도 아닌 그저 새롭게 사는 나를 말합니다.

Q: 이제 인터뷰를 마무리할 때가 되었는데요, 마지막

으로 더 하실 말씀이 있으십니까?

A: 예. 혹자는 뭔가를 사랑하면 고독하지 않다고 말하는데 이 뭔가를 고독으로 본다면, 고독을 사랑하면 고독하지 않게 된다, 라고 말할 수 있습니다. 사실 지금까지 말한 투쟁이란 표현을 사랑이라는 말로 바꿔도 무방하다고 할 수 있습니다. 두서없는 제 얘기를 들어주셔서 감사드립니다.

Q: 선생님의 좋은 말씀 잘 들었습니다. 감사합니다.

고독의 결과

결과에는 원인이 있다고 합니다. 그러나 원인만 있고 결과는 없는 때도 있을 수 있으며, 원인은 없는데 결과만 있는 경우도 있을 수 있습니다. 또한 결과가 있지만 숫자로 표현할 수 있는 경우도 있고, 때로는 수치화할 수 없는 때도 있습니다. 사람의 마음 같은 것이 어디 숫자로 표현되나요? 51%면 안심이 되고 49%면 불안한가요? 그리고 수치화된 점수라는 게 그리 정확하지 않을 수도 있습니다.

고독 역시 마찬가지입니다. 고독력이라는 것이 있을

수 있지만 숫자로 나타낼 수 없고, 또한 고독을 재는 단위 역시 없습니다. 그러나 고독은 실존하며 고독을 경험해본 사람들은 그리고 지금 고독한 사람들은 분명 뭔가를 결과로 갖고 있으며, 또는 어떤 결과를 얻고 있는 중인지도 모릅니다.

고독하게 되면 분명 뭔가를 결과로 가지게 됩니다. 그것이 뭔지는 모르겠으나 분명 뭔가가 생깁니다. 자신감 같은 거 아닐까요?

고독의 결과를 숫자로 나타낼 수는 없지만 역시 뭔가 있습니다.
숫자로 표현할 수 없는 것들이 참 많습니다. 숫자가 아닌 정도로 표현할 수 있는 것들이 더 많을지도 모릅니다. 고독해보니 단단해지더라 하는 거 아닐까요?

고독하면 혼자 있어도 외롭지 않습니다. 오히려 편안

함을 넘어 즐거움이나 기쁨까지 느끼게 되기도 합니다. 자기가 하고 싶은 것을 마음대로 하게 되니 그렇게 되는 것 아닐까요?

고독하게 되면 자신에 대해 오래 깊이 생각하게 되어 자기 자신을 잘 알게 됩니다. 여기서 더 나아가 남에 대해서도 잘 알려고 노력하게 됩니다. 자기 존중에서 타인 존중으로 나아가게 되는 거죠. 그래서 고독하게 되면 타인을 이해하려고 노력하고 타인을 존중하게 되는 거 아닐까요?

고독하게 되면 사물과도 대화할 수 있게 된다고 합니다. 사물을 오래 바라보고 있으면 사물이 그 사람에게 뭔가를 얘기한다고 합니다. 어떤 시인이 그러더라고요.

시인은 사물이 하는 얘기를 받아 적는 사람이라고요. 고독이란 사물이 하는 이야기를 듣는 것이기도 하지만 자신이 사물이 되어 그 사물과 서로 얘기하는 거 아닐까요?

고독하게 되면 사물과 얘기할 뿐만 아니라 자연과도 대화하게 됩니다. 자연과 얘기한다는 것은 예전부터 있어왔던 일이지요. 그저 가만히 있어도 동물이 식물이 바람이 모든 자연이 나에게 얘기하는 것처럼 느껴진다고요. 고독이란 자연의 얘기를 그저 가만히 들어보는 거 아닐까요?

고독하게 되면 내가 하나가 아니라 둘 이상이라고 여기게 됩니다. 그렇다고 다중인격장애는 아닙니다. 예를 들어, 무엇을 하려고 할 때, 하라는 나와 하지 말라는 나와 그저 지켜만 보는 나와 중재하는 나 등이 있을 수 있습니다.

고독이란 무조건 긍정도 아니고 부정도 아닌 건강하고 비판적인 나를 많이 만들어내는 거 아닐까요?

고독이란 어느 하나를 오랫동안 바라보고 오랫동안 생각하는 겁니다. 물론 관심의 눈으로 바라보고 따뜻한 마음으로 생각하는 거죠. 그 하나에 대해 사랑스런 마음이 생기게 됩니다. 어떤 것을 사랑하려면 고독해야 하는 거 아닐까요?

고독하면 어느 누구와도 그 무엇과도 대등한 관계가 됩니다. 고독이란 물질적 관계가 아닌 정신적 심리적 관계를 말하는 겁니다. 고독 자체가 물질이 아니니 당연한 것이지요. 따라서 많든 적든, 크든 작든, 높든 낮든 그런 건 아무 상관이 없습니다. 그저 나와 상대가 대등하게 있을 뿐이지요. 고독이란 거 알고 보면 평등이 아닐까요?

고독하면 물질에 연연해하지 않게 됩니다. 나에 대해서 그리고 상대에 대해서 생각하기에도 바쁜데 물질적인 것은 고려 대상에 들어가지 않게 됩니다.
고독이라는 거 저절로 비우는 삶이 아닐까요?

고독하게 되면 겸손, 겸양, 겸허해집니다. 겸손이란

나를 낮추는 겁니다.

내가 낮아지니 상대는 커지지 않아도 커지고 높아지죠. 겸양이란 겸손의 상태에서 상대에게 양보하는 겁니다. 겸허란 마음을 비우는 것을 말합니다.

상대를 진심으로 받아들이는 거죠. 고독이란 거 결국엔 무허가 집이 아닐까요?

고독하게 되면 무언가를 오래 관찰하게 됩니다. 화가는 대상을 오래 바라본 후에 그림을 그립니다. 보이지 않는 것도 그리죠.

고독은 화가의 눈을 갖게 되는 거 아닐까요?

고독하게 되면 영감을 받게 됩니다. 의식 상태든 무의식 상태든 어떤 것을 창조하기 위한 실마리를 얻게 됩니다. 음악가도 곡을 만들려면 영감이 있어야 한다고 합니다. 순간적으로 머릿속에 떠올랐다가 순식간에 사라지기도 합니다.

고독이라는 거 음악가의 눈을 갖게 되는 거 아닐까요?

과학자는 무언가를 분석해야 합니다. 물론 직관으로 빠르게 해결책을 알아낼 수도 있지만 철저한 분석을 통해 이론을 정립하죠. 고독이라는 거 과학자의 눈을 갖게 되는 거 아닐까요?

고독하게 되면 머릿속에서 자주 또 다른 나와 얘기를 하게 됩니다. 이런저런 이야기, 서로 많은 얘기를 나누죠. 고독이란 소설가의 눈을 갖게 되는 거 아닐까요?

고독하게 되면 뭔가를 깊이 사유하게 됩니다. 하나에 대해 깊이 생각해야 그것에 대해 잘 알게 됩니다. 고독이란 철학자의 눈을 갖게 되는 거 아닐까요?

고독은 시(詩)입니다. 시란 자신만의 생각이나 느낌을 자신만의 언어로 자신만의 방식으로 풀어나가는 것입니다. 고독 역시 자신만의 고독으로 자신만의 고독을 풀어내야죠. 고독이란 시인의 눈을 갖게 되는 거 아닐까요?

고독은 창조의 원천입니다. 예술적 문학적 과학적 창조물을 만들어 내기도 하지만 또 다른 나를 끊임없이 만들어낸다는 점에서 창조라고도 할 수 있습니다.

고독이란 거 창조의 원천이면서 창조 그 자체가 아닐까요?

고독은 조화입니다. 고독하면 머릿속으로는 사유하지만 또 한편으로는 그 추상적 사유를 여러 면에서 구체적으로 적용하려고 합니다. 뭔가를 골똘히 생각하여 격물의 수준까지는 아니더라도 그 뭔가를 깊이 알게 됩니다.

사유와 그 적용으로, 추상과 그것의 구체화로 조화를 이루게 됩니다.

고독이라는 거 정반합의 합까지는 아니더라도 정과 반의 균형 있는 조화가 아닐까요?

고독은 체질개선약입니다. 변하지 않을 것 같지만 조금씩 눈에 띄지 않을 정도로 알 수 없을 정도로 변하면 언젠가는 자신도 모르는 사이에 바뀌게 됩니다.

한꺼번에 즉시 변하기는 어렵습니다. 밥을 먹듯, 책을 읽듯, 생각을 하듯 조금씩 천천히 그러나 바뀌게 됩니다. 고독은 약입니다. 계속해서 먹어야 하는 체질개선약이 아닐까요?

고독은 내부를 들여다보는 것입니다. 자신을 깊이 내려다보는 것입니다.

고독은 현미경이 아닐까요?

책읽기는 앉아서 하는 여행이라고 합니다. 고독 역시 여행입니다. 정신적, 심리적 여행이죠. 나 혼자 떠나기도 하고 또 다른 나들과 함께 가기도 하죠.

어디든 갈 수 있고 어디에서든 멈출 수 있습니다. 결코 끝나지 않을 여행입니다.

고독한 사람이 눈을 감으면 물리적 공간은 사라집니다.

고독이라는 거 눈 감고 떠나는 무전여행이 아닐까요?

사람은 두 세계에서 삽니다. 눈에 보이는 현실계에서도 살지만, 눈에 보이지 않는 정신적 심리적 세계인 비현실계에서도 삽니다. 현실계에서만 사는 것보다는 비현실계도 들락날락하면 세상이 훨씬 넓다는 것도 알게되고, 이 세계에서 풀리지 않는 문제도 저 세계에서는 풀릴 수도 있다는 걸 알게 됩니다.

고독이라는 거 두 세계를 거리낌 없이 왔다갔다 하는 환상적인 여행이 아닐까요?

고독이란 나에 대해서만 생각하는 거 같지만 실제론 남까지도 생각하는 것입니다. 고독이란 혼자만 생각하고 혼자만 잘 살겠다는 것이 아니라 건강하고 독립적인 나와 마찬가지로 건강하고 독립적인 상대가 함께 사는 것입니다. 건강하고 독립적인 수십억 명의 사람이 더불어 사는 것입니다.

고독이란 거 나도 사랑하고 상대도 사랑하는 쌍(雙) 사랑 아닐까요?

고독이란 듣기입니다. 또 다른 나의 얘기도 잘 듣고, 상대의 얘기도 잘 듣는 것입니다. 잘 들어야 잘 얘기할 수 있습니다.

고독이라는 거 경청이 아닐까요?

고독은 시골 가로등입니다. 도시의 화려한 네온등이 아닙니다. 한두 개쯤 없어져도 아무도 모르는 네온등이 아닙니다. 누가 더 밝게 비추나 서로 경쟁하는 네온등이 아닙니다.

고독은 시골에 있는 가로등입니다. 없으면 컴컴해서 사람들이 걸어 다닐 수 없습니다. 넘어지지 않도록 집까지 잘 갈 수 있도록 희미하지만 아무 말 없이 비춰주는 가로등입니다. 높이 있지도 않고 아주 밝지도 않고 많지도 않습니다.

있어야 할 곳에 수줍게 있습니다. 고독이란 시골 가로등이 아닐까요?

고독이라는 거 뭐 대단한 것이 아닙니다. 누구든 가질 수 있고 언제든 버릴 수 있습니다. 서가에 꽂혀 있는 책처럼 고독도 우리가 찾아와주기만을 기다리고 있습니다. 고독이라는 거 내 관심과 사랑을 애타게 기다리는 애인이 아닐까요?

새로운 고독

안녕하십니까. 오늘은 고독에 대해 얘기를 해볼까 합니다. 먼저 고독에 대한 부정적인 얘기를, 다음엔 긍정적인 내용을 말씀 드리고 마지막으로 기존의 고독과는 다른 새로운 고독을 제시하면서 제 얘기를 마칠까 합니다.

먼저 '고독' 하면 우리는 다음의 세 가지를 떠올립니다.

첫째, 고독사입니다. 보살핌을 받지 못하고 외롭게 죽었을 때 우리는 흔히 고독사라고 표현합니다. 그런데 고독해서 죽은 게 아니라 사실은 외롭기도 하고 보살핌을 받지 못해서 죽은 것인데 표현을 흔히 고독사라고 하죠. 외로운 죽음이라고 표현해야 하는 거 아닐까요?

둘째, 고독을 씹다, 입니다. 고기를 씹듯이 그 맛을 보라는 얘기일 수도 있고, 껌을 씹듯이 잠깐만 그 맛을 보라는 얘기일 수도 있습니다. 어찌 되었든 먹어보고 맛을 보라는 얘기입니다. 음식 맛이 사람마다 조금씩 다르듯이 사람마다 고독의 맛이 다를 수도 있겠습니다.

셋째, 고독은 창의와 창조의 원천이다, 라는 말이 있습니다. 새로운 뭔가를 생각해내거나 만들어내려면 타인과의 협업도 중요하지만, 자신만의 고유한 뭔가를 만들어내려면 혼자만의 깊고 넓고 크고 치열한 사유가 필요하다는 뜻입니다.

이제 고독에 대한 다섯 가지의 예를 들고 이에 대한 새로운 고독에 대해 말씀드리겠습니다.

먼저 함께 어울려서 살아야 하는 이 세상에 타인과 어울리지 못하고 혼자 지내는 것을 고독이라고 하는데 사실은 외로움이라고 표현해야 합니다.

누구나 완벽할 수는 없습니다. 서로 부족한 부분을 채우며 더불어 살아가야 합니다.

이 말은 서로 의존적이 되라는 뜻이 아닙니다. 서로 독립적이어야 서로 건강한 도움을 줄 수 있다는 의미입니다. 물론 어느 한쪽이 많이 부족하여 다른 한쪽이 그 부족함을 채우는 경우도 있겠습니다마는 제가 드리는 말씀은 물질적인 주고받음이 아닌 정신적인 주고받음을 말합니다. 최소한 정신적으로는 독립적이어야 한다는 말이죠. 그래서 저는 '고독은 흔들림이다'라고 말하고 싶습니다. 인간은 누구나 흔들리는 존재이며, 왜 흔들리는지 사유하는 존재라는 뜻입니다. 운동을 하면 몸이 건강해지듯이 사유를 하면 정신이 튼튼해집니다.

흔들리는 고독의 과정을 거쳐 흔들리지 않는 독립된 정신을 갖자는 것이 저의 첫 번째 고독에 대한 새로운 생각입니다.

둘째, 보살핌을 받지 못하고 외롭게 죽었을 때 고독사라고 합니다. 그런데 이는 잘못된 말이라고 생각합니다. 고독해서 죽은 것이 아니라 외로워서 그 외로움이 우울이 절망이 되어 죽은 거라고 봅니다. 사실, 외로움은 혼자 있을 수 없음을, 고독은 혼자서도 잘 있을 수 있음을 말합니다. 고독은 혼자서도 잘 있을 수 있음을 넘어서 즐거움, 기쁨이라고도 할 수 있습니다. 어쩌면 기쁨 그 이상이라고 할 수도 있다는 뜻에서 고독을 고통이 없는 주이상스라고 말씀드리고 싶습니다.

셋째, 혼자 지내는 것을 좋아하는 사람은 사회 부적응자다, 라는 고정관념이 있습니다. 또한 성격도 이상하고 문제도 있을 것이다, 라는 편견도 있습니다.

그러나 혼자 지내면서도 사회에 잘 적응하는 사람도 많습니다. 어쩌면 인간은 사회적 동물이 아니라 독립적인 동물인데 필요에 의해 사회를 이루어 사는 건지 모르겠습니다. 우리는 모두 다른 생각을 갖고 있습니다.

그래서 저는 이 세상에 75억 명의 사람이 있고, 75억 개의 삶이 있고, 75억 개의 작은 지구가 있고, 75억 개의 고독이 있다고 말씀 드립니다.

넷째, 현대인은 외로워서 타인과 더 많이 소통하고 싶어서 많은 오프라인 모임과 활발한 온라인 활동을 하려고 합니다. 그런데 양이 많아지면 농도가 옅어질 수 있습니다. 옅은 농도의 많은 양이냐, 짙은 농도의 적은 양이냐는 무엇이 옳고 그른지 잘 알 수 없습니다. 사람에 따라 상황에 따라 다르겠지요. 여기서 저는 고독은 농축액이다, 라고 말씀드리고 싶습니다. 뭔가 새로운 것을 생각해내고 만들어내기 위해 한 개인의 오롯한 경험과 지식과 사유를 위해 고독이라는 농축액이 필요하다고 말입니다.

마지막으로 고독을 치료해야 할 병으로 여기기도 하는데, 고독은 병이 아닙니다. 고독은 개인이 찾아가는 것인데, 설마 사람이 병에 걸리려고 그렇게 하겠습니까. 고독이 찾아오든 아니면 고독을 찾아가든 고독은 병이 아니라 오히려 고독은 삶을 튼튼하게 하기 위한 면역강화제라고 말씀 드립니다.

그럼 우선 고독을 씹든지 맛보든지 해야겠습니다.

고독해지면 세상이 시시해진다

목이 마르면 몸은 물을 찾습니다
비었으니 채우라는 신호죠
함께 있다가 헤어져 혼자가 되면
휑한 느낌이 듭니다
뭔가 부족하다는 얘기입니다
몸이 물을 찾듯이
정신은 고독을 원합니다

혼자서 하는 특별한 것들
고독은 화수분입니다

깨달음의 실마리들이 끊임없이 나옵니다
고독에서 나와 정신으로 들어갑니다
개인의 속으로 쉼 없이 들어가고 나오는 고독
작지만 단단한 개인
테두리가 없는 개인

작은 새라도 자신의 날개를 믿으므로
아무리 작은 새라도 나뭇가지에서
떨어질 것을 염려하지 않습니다
고독은 인간의 날개
세상을 무서워하지 않습니다
내 속에 세상이 들어와 있으니
세상이 나를 두려워합니다

고독해지니 평범하게 살 수 없게 되었습니다
세상이 이미 시시해졌습니다

땅 속 동굴로부터 올라와
산 위 동굴에서 머물다
땅 위 케렌시아에 정착하여
피할 수 없으니
아모르 파티, 아모르 솔리투도